# RENAN SPRINGER DE FREITAS

# EM BUSCA DA SOCIOLOGIA NÃO PAROQUIAL

CADERNOS ULTRAMARES

ORGANIZAÇÃO E PROJETO GRÁFICO

**Marcos Lacerda, Ana Paula Simonaci e Sergio Cohn**

CONSELHO EDITORIAL

André Botelho

Bernardo Esteves

Boaventura de Souza Santos

Evelyn Goyannes Dill Orrico

Fréderic Vanderberghe

José Luis Garcia

Maria João Cantinho

Renato Rezende

Teresa Arijón

Vagner Amaro

ISBN 9786586962871

5   APRESENTAÇÃO

11   EM BUSCA DA SOCIOLOGIA NÃO PAROQUIAL

57   A SAGA DO IDEAL DA BOA CIÊNCIA

**azougue press |**
**coordenação geral** Sergio Cohn
**coordenação editorial**
Sergio Cohn — Darien Lamen — Cristián Jiménez Plaza
**Brasil |** CNPJ 12.272.339/0001-26
**Portugal |** Oca Editorial NF 515805394
**USA |** E. Id. 803650511
**Chile |** Tucán Ediciones RUT 77.369.106-1

*A proposta dos Cadernos Ultramares é transpor fronteiras. Não apenas geográficas, com a edição de um amplo panorama do pensamento brasileiro para o público português, mas também entre as áreas do saber, criando uma coleção transdisciplinar, acessível não apenas para leitores especializado, pesquisadores e acadêmicos, como para interessados em geral.*

*Para isto, os Cadernos Ultramares privilegiam a leveza do ensaio, a "brigada ligeira", utilizando-se de um gênero marcado pela abertura e experimentação, uma forma privilegiada para a proposição e a apresentação de interpretações da cultura e da sociedade. Nos últimos anos, o gênero ensaio tem sido revalorizado como um importante meio de diálogo entre a pesquisa acadêmica e a sociedade.*

*O Brasil possui uma produção riquíssima de pensamento em diversas áreas, que vão da física à antropologia, da matemática às artes. Os Cadernos Ultramares, ao trazerem importantes textos de alguns dos nossos mais renomados pensadores, sejam clássicos ou contemporâneos, busca possibilitar ao leitor um olhar amplo e qualificado sobre essa produção.*

*Interessa-nos a constituição de um diálogo entre áreas, de uma conversa aberta que escape das armadilhas do pensamento especializado e do produtivismo acadêmico. Interessa, antes de tudo, a valorização do encontro do leitor com o sabor do texto, do prazer da leitura e da troca livre de pensamento.*

# apresentação

POR Marcos Lacerda

Renan Springer de Freitas é sociólogo, e um dos principais pensadores da filosofia da ciência e de suas implicações para a sociologia e as ciências sociais em geral. Suas intervenções no debate acadêmico através de palestras, seminários, conferências e encontros, ao lado do conjunto de livros, capítulos de livros, ensaios e artigos que vêm publicando podem ser considerados um compêndio significativo do que de melhor tem se feito no Brasil sobre o tema, sempre com muita vivacidade crítica e vigorosa autonomia intelectual.

Os dois artigos selecionados para este volume da coleção Cadernos Ultramares, "Por uma sociologia não paroquial" (1998)  e "A saga do ideal de boa ciência" (2004), são parte de uma reflexão que vem sendo apurada com o tempo, e que se desdobra em textos como "A sedução da etnografia da ciência" (2005), "A desforra de Hume" (2000), "Resultados experimentais, problemas conceituais e o progresso da ciência" (1997), "Des-naturalizando Kuhn" (1998), "O modus tollens, o holismo de Duhen-Quine e as ciências sociais" (2001), para citar alguns dos mais destacados.

Neles, e nestes artigos mencionados, veremos o processo de maturação de uma reflexão crítica que dialoga com autores como Quine, Latour, Lakatos, Hume, Kuhn, Koyre, Weber, Durkheim, Bloor, entre muitos outros, sempre com espantosa naturalidade, clareza e densidade analítica. Além de uma estilística elegante, mesclando cuidado acadêmico com apuro formal.

Um artigo como "Por uma sociologia não paroquial", escrito no ano de 1998, é essencial no atual contexto em que vive a esfera pública em geral, e a sociologia em particular. Por sociologia paroquial entendamos uma sociologia que coloca em primeiro plano as chamadas "controvérsias científicas" para se compreender os motivos que fizeram uma determinada teoria científica ter se transformado na teoria reconhecida como a que tem maior validade heurística. Em outras palavras, é como se as condições sociais da produção de conhecimento fossem, em última instância, as condições de possibilidade da sua validação objetiva.

Pensado dessa maneira, a sociologia do conhecimento associada à visão paroquial, de uma forma sorrateira e astuta, se transforma, ela mesma, no próprio conhecimento e, neste sentido, o conhecimento sociológico da realidade seria o lugar de maior objetividade de todo o conhecimento, já que, como dissemos acima, as condições sociais definiriam, em última instância, a validação do conhecimento científico

Malgrado a limitação notória deste tipo de argumento, ele tem se transformado numa espécie de evidência por si só. Ultimamente, com a hegemonia moral do relativismo pós-moderno associado aos chamados "estudos culturais", com todas suas variações temáticas, tal "argumento" entrou com muita força nos debates culturais de segunda mão nas mídias e nos espaços culturais em geral, com uma presença exagerada, a nosso ver, bastante descuidada e, mesmo, acrítica, no meio acadêmico das ciências humanas e sociais, ao lado das estratégias e artimanhas de monopólio dos espaços de consagração cultural e acadêmicos, com seus respectivos benefícios simbólicos e econômicos.

Voltando ao artigo, o que notamos é que os excessos do construtivismo sociológico radical, que faz a passagem astuta que mencionamos, fazem com que descobertas bastantes triviais, como as de que as controvérsias sociais no campo científico influenciam, em alguma medida, a consagração social de determinada tese ou teoria, devam ser consideradas como a explicação última para a própria tese ou teoria em si mesma, levando a disparates que colocam em suspenso premissas bases da lógica racional e da pesquisa científica em geral.

Em grande medida, tais disparates se fundam na duvidosa noção de que a comunidade dos cientistas define a validade das proposições científicas, e não a sua lógica conceitual ou a sua capacidade de resistir a refutações de outras proposições científicas. Ora, se é a comunidade social dos cientistas que define a validade da proposição, chegamos fácil a uma série de raciocínios baseados em subjetivismos voluntaristas.

Não é difícil de perceber. Por exemplo, se a comunidade social dos cientistas é formada por uma determinada classe social, logo, é a classe social que define o conhecimento "objetivo"; se a comunidade social dos cientistas é formada por um determinado marcador social [gênero, "raça", etnia] e se este marcador é o que define o conhecimento científico, logo a objetividade do conhecimento científico é uma quimera, já que ele é definido pela posição social dos atores sociais. O rol de disparates pode se estender ad infinitum, de acordo com a capacidade de imaginação e fábula de quem o tem como referência.

Cá estamos diante de um negacionismo com pintas de sofisticação sociológica. Um negacionismo mais requintado do que o que temos visto na histeria das redes sociais, mas ainda assim um negacionismo. Talvez até mais insidioso. Como diz o próprio autor

> Dito de outra forma, o paroquialismo foi elevado ao seu apogeu ao se extrair da tese (bastante razoável) de que o consenso sobre a adequação de um enunciado não é espontâneo, a tese (nada razoável) de que são as circunstâncias sociais envolvidas na obtenção de tal consenso que fazem de um enunciado o que ele é. Desse ponto de vista, o que há de importante para saber em relação a um determinado enunciado são as circunstâncias sociais que permitem a uma comunidade determinada chegar a algum consenso sobre a sua adequação.

Eis a jogada astuta do "construtivismo sociológico" e é, a partir daí, que podemos ver suas ressonâncias em uma série de relativismos, com suas lamúrias morais pouco convincentes para quem tem um olhar um pouco mais apurado. E se este primeiro texto faz a crítica aos excessos do construtivismo sociológico radical, o segundo, "A saga do ideal de boa ciência", apresenta bem o caminho possível para um cuidado maior em relação à construção de uma boa ciência,

com a proposta, esta sim realmente ousada, de contri-
buir para um salto vertiginoso da metodologia como
base para um saber seguro, objetivo e, sim, científico.

# em Busca Da Sociologia Não Paroquial

O título deste artigo encerra a premissa de que a sociologia, como de resto qualquer ciência, não deve ter um caráter paroquial. Essa premissa, devo logo dizer, está muito longe de ser trivial. Nos últimos vinte ou trinta anos, parte considerável da sociologia do conhecimento tem se movido exatamente em torno da tese oposta, qual seja, a de que não há ciência sem o endosso de uma comunidade científica e, nessa medida, a ciência é uma forma tão paroquial de conhecimento quanto qualquer outra. No presente artigo eu discuto a trajetória dessa visão paroquial da ciência, sua inviabilidade e, principalmente, os ganhos que poderiam ser obtidos com a sua erradicação.

Vou iniciar a discussão sugerindo uma distinção entre *ironizar* e *operar ironicamente*.[1] Ironizar envolve ter alguma vítima como alvo. Se o alvo da ironia é uma determinada afirmação, a vitimização se faz contras-

---

1 Esta distinção é inspirada em Woolgar (1983).

tando esta afirmação com alguma afirmação alternativa de modo a sugerir que esta última encerra alguma verdade que a primeira mantém encoberta. Na medida em que supõe uma vítima, o ato de ironizar requer algum grau de solidariedade entre o irônico e sua audiência. Se o irônico não puder contar com esta solidariedade, o efeito irônico não se obtém. A ironia só é então ironia no interior do grupo. Fora do grupo, ela não é nada. Retornarei a esse ponto oportunamente. Operar ironicamente, em radical contraste, não envolve vitimização, nem contraste, nem muito menos qualquer forma de solidariedade. Envolve, sim, tomar distância do objeto sob investigação para examinar sua trajetória ao longo do tempo. Assim, se para ironizar uma afirmação tal como, por exemplo, "o homem descende do macaco", é necessário contrastar esta afirmação com alguma afirmação alternativa visando, com este contraste, revelar alguma verdade que escapa à citada afirmação, para operar ironicamente em relação a esta mesma afirmação é necessário afastar-se dela para examinar como ela se relaciona com outras afirmações, não importa de que época ou lugar e, a partir daí, perguntar se ela se torna mais clara ou mais fecunda se relacionada com as outras afirmações, se ela corrige alguma afirmação anterior e/ou é de alguma forma corrigida por alguma afirmação posterior e, finalmente, se ela veio, com a passagem do tempo, a sugerir algum problema para ser resolvido ou se, ao contrário, não teve qualquer desdobramento.

Em um trabalho anterior (Springer de Freitas, 1993) argumentei que a ironia vitimizadora que descrevi acima é o traço fundamental da sociologia do conhecimento que se desenvolveu nos últimos vinte ou trinta anos. Nesse mesmo artigo apresentei o trabalho de Bruno Latour como sendo uma genuína alternativa não irônica a esta sociologia do conhecimento. Naquela época Latour não tinha ainda publicado seu aclamado *We have never been modern*. No entanto, o fundamental deste livro já estava presente nos artigos que tomei como referência.[2] Na época, vi nesses artigos um bom exemplo de como operar ironicamente sem incorrer na ironia paroquial da sociologia do conhecimento de inspiração wittgensteiniana. Hoje, entretanto, mudei de opinião. O livro *Objective Knowledge* (1992[1972]), de Karl Popper, cuja presença se faz notar claramente nesse artigo, levou-me à opinião de que a sociologia de Latour não constitui uma contribuição significativa para o entendimento de qualquer coisa que diga respeito ao co-

2 Refiro-me a três artigos de Bruno Latour (Latour, 1983, 1990 e 1991).

nhecimento. Para entender como o conhecimento é gerado e, muito mais importante do que isto, retido ao longo do tempo, é necessário saber como teorias podem ser formuladas e corrigidas. Nesse sentido, dizer alguma coisa relevante sobre o conhecimento envolve sobretudo dizer se uma teoria mais recente corrige de alguma maneira alguma teoria anterior. Em outras palavras, envolve oferecer resposta para duas perguntas: como teorias se sucedem umas às outras com a passagem do tempo e o que se ganha (ou, eventualmente, se perde) com tais sucessões. Como, por exemplo, a teoria da seleção clonal veio a suceder as teorias instrucionistas em imunologia e o que se ganhou (ou, eventualmente, se perdeu) com tal sucessão? Receio que Latour nada tem a dizer sobre questões desta natureza e, pior do que isto, sua perspectiva impede que tais questões sejam sequer levantadas. Isto não seria um grande problema se sua perspectiva levantasse questões tão ou mais importantes do que estas. Receio, entretanto, não ser este o caso. E há uma boa razão para isto: Latour concentra-se em algo cujo exame não é tão importante quanto ele supõe. Refiro-me às controvérsias científicas[3] e às

3 Conforme argumentarei posteriormente, controvérsias são importantes apenas na medida em que se aprende algo com elas. Isto significa que muito mais importante do que reconstruir a história

estratégias adotadas por cientistas para obter o assentimento de seus pares (ou da sociedade de um modo geral). Assim, em seu artigo de 1983, Latour descreve as estratégias adotadas por Pasteur para tornar seu laboratório imprescindível para a sociedade francesa. Tal descrição, por mais interessante que possa parecer, é irrelevante para entender a trajetória posterior da teoria da fermentação de Pasteur. Nos artigos de 1990 e de 1991, Latour examina a controvérsia entre Boyle e Hobbes a respeito da existência do vácuo. Ele procura mostrar que esta controvérsia envolveu outra muito mais importante, a respeito dos fundamentos do conhecimento e da ordem social.[4] Hobbes pensava que a tese da existência do vácuo poderia conduzir a uma convulsão social. Boyle teve que argumentar que isto não era verdade. Que importância tem tudo isto, é uma pergunta para a qual não tenho resposta. O fato de Hobbes ter um dia contestado a teoria do vácuo

de uma controvérsia, ou examinar seus "bastidores", ou as maneiras pelas quais foi dirimida em uma situação particular,  é perguntar o que se aprendeu a partir dela, e isto Latour jamais fez. Em outras palavras, muito mais importante do que examinar uma controvérsia é indagar sobre seus desdobramentos, e isto não pode ser feito nos marcos do paroquialismo da sociologia do conhecimento de inspiração wittgensteiniana. Eu discuto este ponto em meu artigo "Por que estudar as controvérsias científicas?" (Springer de Freitas, 1998).
4 Eu desenvolvo este ponto em Springer de Freitas,1993, p. 231.

nada nos diz sobre o que, na minha opinião, realmente importa, a saber, a trajetória dessa teoria nos seus trezentos anos de existência. A bem da verdade, penso que não apenas Latour, mas a esmagadora maioria dos sociólogos (ou antropólogos) da ciência, dão uma imerecida importância ao exame do que eles mesmos chamam de "*science in the making*". Eles têm buscado extrair de tal exame muito mais do que ele tem a oferecer. Retornarei a este ponto no final do artigo. Por ora, quero dizer que com o presente artigo pretendo corrigir meu artigo de 1993, no qual, em razão de ter me deixado seduzir pela retórica de Latour, perdi uma boa oportunidade de discutir as características da sociologia não paroquial. Antes de ir adiante, dois curtos esclarecimentos. Primeiro: a expressão "sociologia não paroquial" é, num certo sentido, imprópria, porque dá a entender que pode haver uma genuína sociologia paroquial. Segundo: meu empenho em corrigir meu erro não teria o menor interesse se a ironia paroquial de Latour, e da sociologia do conhecimento de inspiração wittgensteiniana de um modo geral, não fosse um traço tão característico do pensamento sociológico contemporâneo.

# A TRAJETÓRIA DA VISÃO
# PAROQUIAL DO CONHECIMENTO

A visão paroquial do conhecimento remonta à tese durkheimiana de que todo conhecimento se origina do processo por meio do qual pessoas determinadas vêm a partilhar certas crenças em circunstâncias determinadas. Se conhecer é partilhar crenças, e se partilhar crenças implica pertencer a um grupo, então fora do grupo (ou de relações sociais determinadas) não há conhecimento. Esta forma de paroquialismo foi revivida nos anos 50, com a tese wittgensteiniana de que não há conhecimento fora das regras que regem o uso de palavras em comunidades determinadas, ganhou impulso nos anos 60, com a tese kuhniana de que o conhecimento científico é a propriedade comum de um grupo ou então não é nada, e atingiu seu apogeu nos anos 70, com o aparecimento de um programa de pesquisa que veio a ser conhecido como "construtivismo social", o qual, ancorando-se na obra de Kuhn e de Wittgenstein, empenha-se em mostrar que qualquer forma de conhecimento, inclusive o científico, é contingente a jogos de interesses e a acordos localizados.[5] Seu foco

---

5 Veja-se, Bloor (1991[1976]), Barnes (1977), Latour e Woolgar (1979), Knorr-Cetina (1981), Collins (1985) e Lynch (1985).

de atenção são os modos pelos quais os cientistas chegam a um acordo sobre o que considerar um "fato científico", ou uma "boa" teoria, uma "evidência", uma "corroboração empírica", um "experimento crucial", um experimento "bem sucedido", uma "replicação de experimento", um argumento "válido", uma "refutação", um "erro" etc..

No que me diz respeito, não vejo qualquer problema em pretender investigar como os cientistas chegam a algum acordo sobre o que quer que seja. Não obstante, penso que não se deve atribuir ao que se descobre uma importância maior do que a merecida. Os construtivistas descobriram que na comunidade científica o consenso não brota espontaneamente de experimentos cruciais. Eles descobriram que resultados experimentais podem ser interpretados de formas diferentes em circunstâncias diferentes e, por esta razão, não constituem necessariamente um tribunal de última instância ao qual os cientistas podem apelar para resolver de uma vez por todas qualquer disputa. Quanto a isto, eles estão obviamente certos. Penso, entretanto, que eles pretenderam extrair desta trivialidade muito mais do que ela tem a oferecer e, ao fazê-lo, conduziram a visão paroquial do conhecimento inaugurada por Durkheim, e revigorada por Kuhn e Wittgenstein, ao seu apogeu. Os construtivistas vislumbraram nessa descoberta de que um mesmo resultado experimental pode ser aduzido em favor de teorias diferentes (ou mesmo opostas) uma solução para um problema de ordem metodológica — o da adequação entre dados e teoria, ou entre um enunciado e a realidade que o mesmo descreve. No que se segue pretendo mostrar o caráter paroquial dessa solução para, na seção final, sair em busca da (perdida) ironia sociológica não paroquial.

## O APOGEU (E A INVIABILIDADE) DA VISÃO PAROQUIAL DA CIÊNCIA

A bem da verdade, o problema da adequação entre dados e teoria (o qual pode ser expresso nos termos: o que justifica a afirmação de que um determinado dado corrobora uma determinada teoria?), ou entre um enunciado e a realidade que ele descreve (o qual se traduz em questões do tipo: o que justifica afirmar que uma representação gráfica da configuração atômica de uma liga metálica corresponde mesmo a esta configuração atômica?), não requer a intervenção de qualquer sociologia do conhecimento — muito menos a solução paroquial dos construtivistas, a ser brevemente descrita. Bartley (1987), um importante e negligenciado discípulo de Popper, apresenta uma solução não paroquial que me parece bastante satisfatória. O conhecimento, argumenta Bartley, é sempre indireto e dependente de substitutos. A visão, por exemplo, é um substituto para a locomoção. Quando não se pode contar com este substituto, como ocorre entre os morcegos, outro substituto se faz necessário — no caso, as ondas sonoras que os morcegos emitem, as quais, diga-se de passagem, são um excelente substituto. E, quando uma espécie não tem qualquer substituto para a locomoção, como é o caso do paramécio, seus indivíduos estão condenados a colidir permanentemente com os objetos físicos que os rodeiam. O conhecimento da configuração atômica de uma liga metálica é tão indireto quanto o é o conhecimento de que há um obstáculo físico diante de nós. Ele supõe portanto a existência de substitutos. Se o único substituto disponível fosse uma representação gráfica (a qual poderia ser obtida, por exemplo, via espectrofotometria), então estaríamos perdidos — como também estaríamos se a visão fosse o único substituto com o qual pudéssemos contar para saber o que há diante de nós. Mas, como há mais de um substituto para a configuração atômica de uma liga metálica, podemos nos perguntar se a representação gráfica e os demais substitutos convergem em uma mesma direção. Se a resposta for afirmativa, então é razoável postular a hipótese de que há uma adequação entre a referida configuração atômica e a referida representação gráfica. Se, ao contrário, essa representação gráfica não coere com os outros substitutos, então é provável que haja alguma coisa errada em relação a ela — embora não seja inteiramente descartável a hipótese de o erro estar nos outros substitutos.

Não sei se esta solução[6] é a melhor possível mas, certamente, é bem melhor do que a solução que os construtivistas escolheram como *sparring*. Tendo simplesmente ignorado esta solução popperiana, eles passaram a golpear um defunto, a saber, a tese, que Popper enterrou há mais de 60 anos, de que existe uma realidade imediatamente disponível para a observação e passível de ser reproduzida tal como é por uma linguagem protocolar. Woolgar (1983) se refere a este defunto como a "posição reflexiva" e observa, com razão, que ele é o *sparring* de parte considerável dos cientistas sociais.[7] Este defunto pode ser golpea-

6 Salvo engano, esta solução foi originalmente proposta por Donald Campbell, e ficou conhecida como "realismo hipotético". Veja-se, Campbell (1960).

7 Este defunto é também o sparring do renomado filósofo pragmatista Richard Rorty (Veja-se, a respeito, Peter Munz, 1987). Rorty tem razão quando rejeita a tese de que "há procedimentos de justificação de crença que são naturais e não meramente locais" (Veja-se Rorty, 1993:111). Entretanto, se ele dialogasse com Popper, ao invés de se contentar em golpear um defunto, ele veria que a rejeição de

do de várias maneiras. Rorty, como indiquei na nota 7, o golpeou com o argumento de que não há como justificar uma crença sem apelar para os padrões aceitos por uma comunidade. Os construtivistas, por sua vez, o golpearam com base em sua já mencionada descoberta de que um mesmo dado ou resultado experimental pode ser aduzido em favor de teorias diferentes ou mesmo opostas. Se há esta possibilidade, dizem os construtivistas, é porque a interpretação dos dados (ou dos resultados experimentais) é necessariamente mediada por circunstâncias sociais determinadas e, em decorrência, um entendimento adequado da geração de conhecimento não pode prescindir do exame dessas circunstâncias sociais mediadoras. Posto de outra forma, a sociologia do conhecimento de inspiração wittgensteiniana quer tirar o máximo proveito do fato de que não existe uma cor-

tal tese não precisa necessariamente conduzir ao paroquialismo pragmatista que ele endossa. A rejeição (bastante razoável) da tese de que há procedimentos naturais de justificação de crenças pode também conduzir à tese não paroquial de que o conhecimento nada tem a ver com crenças nem, muito menos, com a sua justificação, mas, sim, com a possibilidade de criticar afirmações. Não vamos muito longe nos perguntando como alguém  pode justificar sua crença na tese de que o homem descende do macaco. Um quadro mais promissor se vislumbra se nos perguntarmos como esta mesma tese pode ser criticada, com que outras teses ela pode ser comparada etc.

respondência de um por um entre teorias e evidências.[8] Se uma mesma evidência pode ser aduzida em favor de duas teorias opostas, "a" e "b", isto significa, por tudo o que sei, que esta evidência é inútil, havendo, portanto, a necessidade de alguma outra evidência que possa corroborar apenas "a", ou apenas "b". Os construtivistas, entretanto, tomam o fato de que uma mesma evidência pode ser aduzida tanto em favor de "a" quanto em favor de "b" como a prova cabal de que nem "a" nem "b" podem espelhar alguma realidade que seja independente dos procedimentos metodológicos sancionados pelas comunidades nas quais "a" e "b" foram produzidas. Nos marcos desse raciocínio, não pode haver outra alternativa para a tese defunta de que há um fenômeno imediatamente observável chamado configuração atômica por um lado, e uma representação gráfica que nos dá acesso direto e inequívoco a este fenômeno por outro, a não ser a tese paroquial de que tanto a configuração atômica, quanto a representação gráfica, quanto a adequação entre ambas, são o resultado de acordos estabelecidos entre os cientistas em circunstâncias sociais particulares. De acordo com esta tese, se não há acesso direto à referida configuração atômica, então o acesso só pode

8 Veja-se, especialmente, David Bloor, 1991(1976), p. 16.

ser obtido através da mediação de tais circunstâncias sociais. Fora dessas circunstâncias mediadoras não há nem configuração atômica, nem representação gráfica, nem qualquer relação entre ambas. Avaliar a adequação entre uma configuração atômica e uma representação gráfica torna-se então uma questão de entender as circunstâncias sociais que viabilizam, em momentos determinados, a afirmação de que há tal adequação, isto é, torna-se uma questão de entender as circunstâncias que viabilizam a obtenção de um acordo sobre a existência de tal adequação. Se não há tal acordo, também não há tal adequação.

Isto remete diretamente à minha afirmação anterior de que ao conferir à tese (trivialmente correta) do caráter não espontâneo do consenso uma importância maior do que a merecida, isto é, ao pretender extrair dessa tese uma solução para o problema da adequação entre um enunciado e a realidade que ele representa, os construtivistas acabaram por conduzir a visão paroquial da ciência ao seu apogeu. Eles o fizeram ao derivar da tese de que o consenso sobre a configuração atômica de uma liga metálica não brota espontaneamente de uma representação gráfica, a tese de que esta representação gráfica, por si mesma, não encerra qualquer informação sobre a referida configuração metálica — a tese de que esta representação gráfica nada significa sem o aval de uma comunidade. Dito de outra forma, o paroquialismo foi elevado ao seu apogeu ao se extrair da tese (bastante razoável) de que o consenso sobre a adequação de um enunciado não é espontâneo, a tese (nada razoável) de que são as circunstâncias sociais envolvidas na obtenção de tal consenso que fazem de um enunciado o que ele é. Desse ponto de vista, o que há de importante para saber em relação a um determinado enunciado são as circunstâncias sociais que permitem a uma comunidade determinada chegar a algum consenso sobre a sua adequação.

É para ter acesso a tais circunstâncias sociais que os construtivistas se debruçam sobre seu objeto de estudo favorito: as controvérsias científicas. Assim, Mackenzie (1978) examina os bastidores da controvérsia entre Yule e Pearson a respeito da adequação de suas respectivas medidas de associação estatística, os bem conhecidos Q de Yule e C de Pearson. Para mostrar o que há por trás dos argumentos apresentados por Yule e Pearson (Pearson argumentava, contra Yule, que o coeficiente Q tem pouco poder preditivo), Mackenzie menciona que enquanto Pearson fazia parte de um pequeno grupo de estatísticos que partilhavam preocupações eugênicas, Yule não tinha afiliação definida e tomava a predição estatística como um fim em si mesma. Além disto, enquanto Pearson pertencia a uma classe profissional em ascensão, que buscava afirmar-se como superior em razão das habilidades intelectuais de seus membros, Yule pertencia a uma elite conservadora decadente, que repelia o que quer que soasse como eugenia. Mackenzie sugere que tudo isto interveio no curso da controvérsia e que, portanto, nem mesmo a teoria estatística se acha a salvo da influência de fatores extra-cognitivos.

Desnecessário dizer que Mackenzie é silencioso sobre o que de fato importa, a saber, o impacto desses fatores extra-cognitivos sobre a trajetória posterior das referidas medidas de associação estatística. Não obstante, concedamos a Mackenzie que as informações acima (a de que Yule pertencia a uma elite conservadora decadente, por exemplo) são mesmo muito importantes. Concedamos  que não podemos compreender a evolução da estatística a menos que tomemos tais informações em consideração. O que resulta daí? Isto: nós, cientistas sociais, estamos todos convidados a ver, nas afirmações dos cientistas, alguma coisa diferente do que os cientistas afirmam. Se, por exemplo, Pearson afirma que o coeficiente Q tem pouco poder preditivo, estamos todos convidados a ver nesta afirmação uma preocupação com a eugenia. Estamos portanto convidados a ironizar tal afirmação, isto é, a contrastá-la com alguma afirmação alternativa e a ver, nesta última, a verdade que a afirmação original encobre. Posto que os construtivistas operam através desse tipo de convite, a ironia é seu método de demonstrar o caráter "contingente" e "socialmente construído" do conhecimento.

Entretanto, e isto é crucial, esta ironia não é viável, porque, conforme se verá, ela é incapaz de se sustentar sem a ajuda da banida posição reflexiva. A principal arma que esta ironia tem contra suas vítimas (no caso, os argumentos levantados por cientistas nos cursos de controvérsias) é o contraste entre documentos — isto é, publicações científicas, declarações informais dos cientistas e descrições de procedimentos adotados por cientistas. Assim, o que os cientistas escrevem é contrastado com o que os cientistas dizem, e somos convidados a ver, no que os cientistas dizem, a realidade que escapa ao que os cientistas escrevem. Dados estatísticos são contrastados com uma descrição das atividades envolvidas na produção destes dados, e somos convidados a ver, em tal descrição, a realidade que escapa aos dados estatísticos. Assim, em seus estudos sobre o suicídio, tanto Douglas (1967) quanto Atkinson (1978) nos convidam a ver, em suas descrições das atividades dos legistas, a realidade que escapa aos dados estatísticos. A tese central de ambos é a de que os dados estatísticos sobre o suicídio refletem, mais do que taxas reais de suicídio, os pressupostos que orientam o trabalho dos legistas.[9] Da mesma forma, Cicourel (1968) contrasta estatísticas policiais com a sua própria descrição das atividades nas quais os policiais se engajam para produzir estas estatísticas e conclui que estas últimas refletem, mais do que os índices reais de criminalidade, os preconceitos dos policiais.

Como a ironia construtivista pode estabelecer todos estes contrastes sem se ancorar na premissa, própria da banida "posição reflexiva", de que há uma realidade imediatamente disponível para as nossas descrições? A resposta, muito simples, é a de que ela não pode. A coluna vertebral desta ironia é o pressuposto de que há uma descontinuidade entre documentos. Os construtivistas supõem, por exemplo, que declarações informais dos cientistas (nas quais, presumivelmente, as hesitações mostram-se mais visí-

9 Cabe nesse ponto ressaltar que a metodologia utilizada pelos legistas para concluir que uma morte resultou de suicídio (e não, por exemplo, de um acidente) pode ser criticada de forma não irônica. Este é o procedimento da sociologia clássica. Assim, em O Suicídio Durkheim critica os métodos utilizados na obtenção de dados estatísticos sobre causas de suicídio visando alertar o leitor quanto à precariedade desses dados. Isto não envolve ironizar estes dados, isto é, não envolve convidar o leitor a ver, nesses dados, legistas falando de si mesmos ao decidirem sobre a causa de um suicídio.

veis), e publicações científicas, constituem descrições alternativas e hierarquizáveis da realidade da investigação científica. Eles supõem, por exemplo, que as declarações que extraem dos cientistas ao entrevistá-los revelam a verdade que as publicações científicas encobrem. Mas nenhum argumento é apresentado em favor desta suposição porque, apresentar tal argumento, requereria ancorar-se na rejeitada "posição reflexiva". Requereria, no fim das contas, aceitar que o que os cientistas dizem *refletem*, de maneira inequívoca e imediata, a "realidade" da investigação científica que os outros documentos encobrem. Daí que a ironia dos construtivistas não tem força para fazer da solução construtivista (para o problema da adequação entre um enunciado e a realidade que ele descreve) uma boa alternativa para a "posição reflexiva".[10] O caráter paroquial desta ironia acaba por torná-la dependente do defunto que ela escolheu para golpear.

Mas, o que justifica considerar a ironia construtivista uma ironia paroquial?

---

10 Devo este ponto inteiramente a Steve Woolgar (1983), embora lamente que ele não tenha considerado a possibilidade de buscar, nos escritos de Popper, uma alternativa tanto para a "posição reflexiva" quanto para o paroquialismo inerente à posição construtivista.

## A SOCIOLOGIA NÃO PAROQUIAL

Talvez uma boa maneira de responder essa pergunta fosse descrever como seria uma ironia não paroquial. Em termos genéricos, ironia é a figura de linguagem em que se diz alguma coisa pretendendo-se dizer o oposto. A forma paroquial de fazer ironia é, como se viu, solicitar a solidariedade da audiência convidando-a a ver, no que os *outros* dizem, algo diferente do que foi dito — grifei a palavra "outros" para enfatizar que esta ironia requer uma clara separação entre "nós" (o irônico e sua audiência) e os "outros" (o alvo da ironia). Mas o efeito irônico pode ser obtido de forma não paroquial. Segundo Kierkgaard (1965), um traço essencial da ironia é que o seu reconhecimento é dinâmico e inconclusivo: a força da ironia consiste em mover o leitor de uma posição em que ele não reconhece a ironia para uma posição em que ele vê sua possibilidade. A ironia não pode então supor uma relação estável entre o irônico e sua audiência; ao contrário, sua força depende da fragilidade desta relação — sua força, eu diria, depende da sua capacidade de ignorar qualquer fronteira entre "nós" e "os outros". Assim, o irônico deve sempre contar com a possibilidade de se tornar a vítima de sua própria ironia, ou de ver sua ironia tomada literalmente, ou ainda descartada como uma tolice. A arte da ironia consiste não só em encorajar a audiência a experimentar as implicações de cada uma dessas possibilidades como, também, em desencorajar esta mesma audiência a sentir-se plenamente confortável quando chega a alguma conclusão.

É ocioso dizer que a ironia dos construtivistas é estranha a tudo isto. Aqui, não há qualquer risco ou movimento envolvido: desde que se faça parte do círculo de convívio, a ironia pode ser confortavelmente reconhecida. A relação entre o irônico e a audiência é totalmente estável. Nesse sentido, a ironia dos construtivistas se compara a uma ironia que consista em vitimizar uma pessoa feia estabelecendo um contraste entre os traços desta pessoa e os traços de uma pessoa bonita. O contraste pode até ser instrutivo mas, seu caráter irônico, não escapa a quem quer que conheça as pessoas contrastadas. Ninguém é convidado a tomar o contraste literalmente. Nem como descabido. Além disto, a ironia não se estende a outras instâncias: os outros feios (ou os outros bonitos) não são atingidos.

Tudo isto se inverte quando se toma distância dos fenômenos sob investigação, isto é, quando se relaciona esses fenômenos com quaisquer outros e se formula qualquer hipótese contra-intuitiva a respeito deles. Para não ir muito longe, tomemos a conhecida tese de Durkheim de que um sério infortúnio não é, em si, uma razão mais forte para o suicídio do que uma ofensa insignificante. Ou sua tese de que a baixa predisposição dos católicos para o suicídio nada tem a ver com a veemência com que o catolicismo condena esse ato. Nenhuma destas teses envolve a ironia paroquial dos construtivistas. Nenhuma delas requer alguma medida de solidariedade ou de competência da audiência para se fazer eficaz.[11] Nenhuma delas opera apelando para um senso de comunidade — isto é, convidando os colegas a ver alguma coisa que tenha escapado aos não colegas (mesmo porque essas teses dissolvem qualquer fronteira entre "colegas" e "não colegas").[12] Ao contrário, a exemplo do ovo, que endurece quando é cozido (ao invés de se desmanchar), essas teses dependem da permanente intransigência da

11 Em claro contraste com o que ocorre, por exemplo, em relação à famosa tese de Clifford Geertz de que a briga de galos em Bali envolve uma "educação sentimental". Eu discuto o caráter paroquial desta tese em um trabalho anterior (1997). Procuro mostrar que ela depende inteiramente da solidariedade da audiência para manter-se de pé.
12 O leitor pode se perguntar como pude apresentar Durkheim como uma espécie de pai fundador da visão paroquial do conhecimento e, alguns parágrafos adiante, mencionar um de seus escritos como um modelo de sociologia não paroquial. A resposta, muito simples, é a de que a obra de Durkheim é imensa e, felizmente, só uma pequena parte dela foi contaminada pelo paroquialismo durkheimiano.

audiência para não se degenerar. Sua sobrevivência depende de sua capacidade de mobilizar a audiência no sentido de explorar suas implicações e, ao mesmo tempo, de desencorajar esta mesma audiência a sentir-se segura quando chega a alguma conclusão.

Isto conduz diretamente ao ponto deste artigo: sempre que estivermos diante de uma afirmação que satisfaça tais requisitos, isto é, que seja capaz de prosperar sem precisar de demarcar fronteiras entre os que fazem e os que não fazem parte do grupo (ou, o que dá no mesmo, sem precisar de contar com o assentimento de uma comunidade), estaremos diante de uma genuína ironia sociológica não paroquial. Este ponto, que hoje me parece trivial, escapou-me em meu citado artigo de 1993, a ponto de eu chegar a sugerir que a obra de Bruno Latour fosse um bom exemplo de ironia sociológica. Sustentei que sua sociologia do conhecimento discutia a ciência de Boyle e de Pasteur de forma não paroquial. Hoje percebo que estava muito enganado. Sou grato a Simon Schwartzman por ter me indicado uma maneira bastante econômica de mostrar meu equívoco ao resumir tão bem, em seu instigante livro *A Redescoberta da Cultura*, o crucial do pensamento de Latour. No capítulo intitulado "O Lugar das Ciências Sociais" Schwartzman afirma:

o conhecimento científico se desenvolve, na descrição de Bruno Latour, pela progressiva construção de 'fatos científicos' que são como caixas-pretas cuja verdade ou adequação é dada como certa para os que a utilizam como ponto de partida para outros estudos, mas cuja natureza problemática pode sempre ser ressaltada quando examinadas em suas origens (...) O ponto central de Latour é que o que dá — ou não — consistência e validade a essas caixas-pretas não são tanto suas qualidades intrínsecas iniciais, mas seu uso progressivo, mediante o tempo e o espaço, por um número cada vez maior de pessoas. [13]

Na visão de Latour, todo conhecimento emana da construção e do uso de 'caixas-pretas'. Latour ironiza a ciência ao propor que para saber qualquer coisa importante sobre ela é necessário saber como os cientis-

13 Schwartzman, 1997, p. 30, 31. Devo deixar claro que (muito provavelmente) Schwartzman não endossaria o argumento que estou desenvolvendo aqui. Ele não partilha de minhas objeções a Latour, como se vê em Schwartzman (1994).

tas lutam para construir e usar as 'caixas-pretas' que lhes convêm e destruir as 'caixas-pretas' que não lhes convêm. Nessa perspectiva, só é possível entender as ciências de Pasteur e de Boyle se não se perder de vista que ambos foram, antes de qualquer coisa, dois grandes construtores de 'caixas-pretas'. Não duvido que Pasteur e Boyle tenham sido dois mestres na arte de convencer e de mobilizar interesses dos outros em favor de seus próprios interesses. Mas, conforme pretendo mostrar, esta é uma verdade irrelevante.

A bem da verdade, para além da ironia embutida nesta metáfora da caixa-preta, não entendo a que essa metáfora vem. Se bem entendo Latour, construir uma caixa-preta é encadear elementos de forma tal que atacar um elemento implicaria atacar os demais. Vou recorrer a um exemplo de 'caixa-preta' para esclarecer esse ponto. Considere-se o conhecimento físico que um termômetro encerra — o conhecimento, por exemplo, de que o mercúrio se expande com o calor (o exemplo é meu mesmo). Contestar esse conhecimento, diria Latour, implicaria brigar em muitas frentes, contra muitas atividades institucionalizadas que dependem da sua total aceitação. Desse ponto de vista, um termômetro comprado na farmácia seria uma 'caixa-preta' ou, para ser mais preciso, faz parte de uma porque envolve o encadeamento de vários elementos (a referida teoria de que o mercúrio se expande com o calor, a prática institucionalizada de tomar a temperatura e recorrer por conta própria a um medicamento em caso de febre, a prática institucionalizada de recorrer a um médico no caso de persistência da febre, a tecnologia envolvida na produção de mercúrio apropriado para termômetros, a reputação e os interesses das indústrias que os produzem, etc.), os quais, exatamente por se acharem encadeados, se reforçam mutuamente. Uma vez ocorrido tal encadeamento o ataque a um elemento qualquer (à referida teoria de que o mercúrio se expande com o calor, por exemplo) envolveria um ataque a todos os outros, o que vale dizer que este elemento, em razão de estar encadeado aos demais, torna-se muito menos vulnerável a ataques.[14]

Não vejo problema em concordar com a ideia de que contestar a tese de que o mercúrio se expande com o calor envolveria atravessar o caminho de alguns interesses e de algumas 'atividades institucionalizadas'. Tampouco vejo problema em concordar com

14 Em conexão com esse ponto, o historiador da ciência Steven Shapin (1995) chega a afirmar, na página 308, que "quando todos os elementos em uma rede agem em conjunto para proteger um item do conhecimento, este item torna-se forte e nós o chamamos de científico".

a tese de que os elementos mencionados acima não precisam estar necessariamente encadeados — ou podem se encadear de maneiras alternativas. Mas, se o tema em questão é o conhecimento, tenho dificuldade em perceber aonde estas verdades podem nos levar.

Para tornar mais claro meu argumento de que a metáfora da caixa-preta, *se aplicada ao conhecimento científico*, não leva a muito longe, vou tomar outro exemplo de 'caixa-preta', agora do próprio Latour, e tentar mostrar que podemos fazer melhor proveito desse exemplo mantendo-o afastado da referida metáfora. Trata-se do modelo da estrutura molecular do DNA, conhecido como a teoria da dupla hélice — a qual, em 1955, levou os cientistas Watson e Crick ao Prêmio Nobel.[15] Posto o exemplo, cabe perguntar: o que se ganha considerando a referida teoria uma 'caixa-preta'? Em outras palavras: que perguntas somos levados a fazer (e que resposta somos levados a dar) se aceitarmos o convite de Latour para considerar a teoria da dupla hélice uma 'caixa- preta'? Se bem entendo o argumento de Latour, a pergunta crucial seria: de onde vem a autoridade desta teoria — ou seja, em que

15 Latour oferece este exemplo em seu livro Science in Action (1987), o qual, diga-se de passagem, mereceu um artigo intitulado "Surely you are joking, Monsieur Latour" (Amsterdamska, 1990).

circunstâncias sua aceitação, por um público determinado, se torna mais ou menos imperativa? E a resposta seria: depende dos elementos aos quais ela se encontra encadeada em situações determinadas. Esta teoria estará tanto mais invulnerável a ataques quanto mais um ataque a ela implicar um ataque a todo um conjunto de outros elementos. E a autoridade desta teoria resultará de tal invulnerabilidade. Assim, Latour nos informa que Watson e Crick, ao trazerem à público a teoria da dupla hélice, preocuparam-se com coisas que nada têm a ver com os méritos intrínsecos dessa teoria. Eles se preocuparam, por exemplo, em avaliar a reputação de Linus Pauling e o nível dos estudantes de Cal Tech.[16] Eu me pergunto que relevância esse tipo de informação pode ter. Latour afirma que tais precauções foram cruciais na disputa pela prioridade na descoberta da estrutura molecular do DNA. Não duvido que isto seja verdade mas, esta verdade, é uma nota de rodapé se comparada a outras verdades sobre as quais a metáfora da caixa-preta não tem nenhuma luz a jogar. Por exemplo, a de que a teoria da dupla hélice deu novo fôlego à (então quase centenária) teoria darwiniana de que há uma continui-

16 Latour fornece esta informação em seu citado Science in Action, p. 6.

dade entre todas as espécies, ou a de que ela teve um enorme impacto na imunologia, posto que reabilitou as teorias imunológicas de molde selecionista, que haviam sido enterradas nos anos 10. Estou certo de que esse impacto nada deve às precauções de Watson e Crick em relação a Linus Pauling, e nem a qualquer estratégia que Watson e Crick ou quem quer que seja possa ter tomado em relação a esta teoria.

Mas, retomando o eixo central da discussão, a metáfora da caixa-preta, se aplicada às teorias científicas, nos leva a perguntar como pessoas determinadas vêm a dar mais ou menos importância (ou conferir mais ou menos crédito) a teorias determinadas em circunstâncias determinadas. Em certas circunstâncias a teoria da dupla hélice pode mobilizar muita atenção e dinheiro, em outras pode não mobilizar nada; em certas circunstâncias esta teoria se presta a certos usos, em outras, a outros usos; em certas circunstâncias atacar esta teoria seria como atirar uma pedra em uma casa de marimbondos, em outras, tal ataque envolveria, se tanto, um debate acadêmico. Latour quer entender como tudo isto se dá. Sua resposta, em linhas gerais, seria a seguinte: tudo depende dos elementos aos quais esta teoria vem a ser encadeada. Se encadeada aos elementos "a", "b", "c" e "d", ela se presta aos usos "x" e "y", e atacá-la seria como cutucar uma caixa de marimbondos; se encadeada aos elementos "a", "b", "f" e "g", ela se presta ao uso "z" e atacá-la não teria qualquer repercussão. Se por qualquer razão o uso "z" deixar de ser conveniente para um grupo determinado de pessoas, então estas pessoas não vão mais encadeá-la aos elementos "f" e "g", mas vão tentar encadeá-la a "h" e "i". E assim por diante.

Reconheço que tudo isto pode ser verdade mas, como já deixei claro, não vejo que interesse esta verdade pode ter, porque salta à vista um sério inconveniente em relação a tudo isto: nos marcos do raciocínio apresentado, o fato de estarmos lidando com nada menos do que a realização científica mais importante deste século torna-se um mero detalhe. Latour, evidentemente, poderia responder que a teoria da dupla hélice não é, em si, a realização científica mais importante deste século, e que o simples fato das pessoas a considerarem assim é o resultado desta teoria ter sido encadeada a toda sorte de elementos (ou de ter sido tornada um segmento de uma rede bastante estável), de forma a tornar-se imprescindível para muitas atividades institucionalizadas. Provavelmente, isto também é verdade mas, mais uma vez, uma verdade irrelevante, porque torna a teoria da dupla hélice tão importante quanto qualquer outro item do conhecimento que tenha se tornado imprescindível para muitas atividades institucionalizadas. Do ponto de vista do conhecimento, o que importa saber a respeito da teoria da dupla hélice não é como ela veio a se tornar imprescindível para determinadas atividades ou instituições, mas sim que problemas esta teoria resolve, que problemas ela levanta, que teorias ela reforça ou reabilita, que teorias ela enfraquece ou derruba e quais são suas consequências no que diz respeito ao desenvolvimento da biologia moderna. Latour nada tem a dizer sobre nada disto e, pior do que isto, ele desvia nossa atenção dessas perguntas. Se se trata de dizer alguma coisa relevante sobre o conhecimento, penso que isto não é uma limitação menor.

Não obstante esta limitação, há uma circunstância na qual a metáfora da caixa-preta poderia se revelar de enorme interesse. Para explicar esse ponto vou recorrer a mais uma analogia, a dos sistemas de videocassete. No início dos anos 80 havia dois sistemas alternativos de videocassete, os chamados VHS e BETAMAX. Hoje, como sabemos, o sistema BETAMAX não existe mais. Sabemos também que a extinção desse sistema nada tem a ver com a sua qualidade. Ao contrário, há quem diga que o sistema BETAMAX era melhor do que o VHS. Admito que a metáfora da caixa-preta pode nos ajudar a entender porque o sistema VHS prosperou e o BETAMAX se extinguiu. Ela nos convidaria a explicar esse ponto não em termos das qualidades intrínsecas de cada sistema, mas em termos dos usos aos quais cada um se prestou quando foram lançados no mercado e, este uso, seria uma decorrência da maneira pela qual, naquela ocasião, cada sistema veio a ser encadeado a outros elementos. Posta a analogia, a metáfora da caixa-preta poderia ser de grande interesse *se se pudesse mostrar* que a trajetória das teorias científicas é análoga à trajetória de sistemas de vídeo-cassetes. Nesta perspectiva, tomar a teoria da dupla hélice como uma caixa-preta poderia ser de grande interesse *se se pudesse mostrar* que houve no passado alguma teoria alternativa que, embora fosse igualmente boa, se extinguiu em razão de não estar encadeada a elementos que garantissem sua força. Em outras palavras, a referida metáfora seria de enorme interesse se se pudesse mostrar que houve no passado alguma teoria que esteve para a teoria da dupla hélice como o sistema BETAMAX esteve um dia para o sistema VHS. A bem da verdade, foi nessa direção que Latour se moveu em seu citado artigo "Give-me a Laboratory and I will Raise the World". Em última análise, o ponto central desse artigo é o de que a teoria da fermentação de Pasteur teve seu BETAMAX, a saber, a teoria da geração espontânea, defendida por um certo Pouchet. Como filho feio não tem pai,

Latour certamente não se diria alinhado (como de resto, ninguém de bom senso) à tese de que a vitória de Pasteur sobre Pouchet é da mesma natureza que a vitória do sistema VHS sobre o sistema BETAMAX. Entretanto, essa tese é o resultado inevitável (é o filho feio, sem pai) da aplicação da metáfora da caixa-preta ao conhecimento.

Ao lado de sua proposta de conceber teorias como "caixas-pretas", Latour menciona e demonstra grande apreço por uma distinção entre o que ele chama de "ciência em construção" ("*science in the making*") e ciência "já feita" ("*ready-made science*"). Uma vez feita esta distinção, ele quer entender a ciência "já feita" a partir do exame de como a ciência "se faz". Daí sua atração por controvérsias (como também pela referida metáfora da caixa-preta). Um ponto curioso em relação aos estudos que se baseiam no exame de controvérsias é que eles nunca se empenham em examinar os desdobramentos posteriores da controvérsia examinada. Um livro intitulado *Species and Specificity, An Interpretation of the History of Immunology* (1995), de Pauline Mazumdar, constitui uma excelente ilustração deste ponto. Mazumdar examina com detalhes a controvérsia havida no início deste século entre dois gigantes da imunologia, Paul Ehrlich e Karl Landsteiner. Ela mostra que ela é um eco de outra controvérsia, havida uns 50 anos antes, entre dois expoentes da botânica, Cohn e von Nägeli. Ela mostra ainda que a controvérsia entre Ehrlich e Landsteiner ecoou em mais uma geração de imunologistas. Em resumo, ela rastreou uma controvérsia que se estendeu por cento e trinta anos. Mas ela não discute o que interessa, a saber, a importância dessa controvérsia para o desenvolvimento da imunologia moderna. Ela não se pergunta, por exemplo, em que a imunologia moderna teria sido diferente se a teoria das cadeias laterais de Ehrlich não tivesse sido tão duramente contestada por Landsteiner. Penso que a discussão de Mazumdar só teria interesse se ela pudesse oferecer uma boa resposta para essa pergunta, e Mazumdar sequer se fez essa pergunta.

Mas, cabe a pergunta, o que há de errado em examinar uma controvérsia sem se preocupar em examinar seus desdobramentos posteriores? Por que examinar os desdobramentos posteriores de uma controvérsia é mais importante do que examinar seus "bastidores" (à Mackenzie), ou rastrear seus antecedentes (à Mazumdar), ou indagar sobre as maneiras pelas quais elas são (ou não) resolvidas em situações particulares (à Latour)? Minha resposta é a seguinte: penso que controvérsias só são importantes na medida em que se aprende algo importante com elas.

Examinar uma controvérsia sem dizer o que se aprendeu com ela é torná-la uma mera curiosidade. Desse ponto de vista, o que precisamos saber a respeito de uma controvérsia é o que se aprendeu com ela e que frutos este aprendizado gerou — e, lamentavelmente, nem Macknezie, nem Mazumdar, nem Latour nada têm a dizer sobre isto. Em contrapartida, Alfred Tauber, em uma série de artigos, ilustra exemplarmente bem como fazer bom uso de um exame de controvérsias.[17] De acordo com Tauber, Metchnikoff (que dividiu com Ehrlich o Prêmio Nobel de Medicina em 1908) é responsável pelo que há de mais importante na imunologia moderna, a saber, a ideia de que a ação do organismo é fundamental para a imunidade. Este legado, diz Tauber, pode ser mais claramente entendido se se retomar a controvérsia havida entre Metchnikoff e Haeckel a respeito das relações entre ontogenia e filogenia, isto é, se não se perder de vista o fato de que Metchnikoff superou a teoria de Haeckel de que a ontogenia recapitula a filogenia com uma apreciação mais complexa do desenvolvimento ontogênico. Um desdobramento importantíssimo desta controvérsia foi a rejeição da tese de que há um padrão único de

17 Tauber (1990, 1991), Tauber e Chernyak (1989, 1991), Chernyak e Tauber (1988).

gastrulação, e Tauber examina as implicações desta rejeição para o desenvolvimento da imunologia moderna.[18] O trabalho de Tauber constitui, então, um ótimo exemplo de como examinar controvérsias sem incorrer na ironia paroquial da sociologia do conhecimento de inspiração wittgensteiniana. Ao manter-se devidamente afastado desta ironia, Tauber nos presenteou com uma discussão que de fato interessa: o que Metchnikoff aprendeu a partir de sua polêmica com Haeckel e qual o impacto desse aprendizado sobre o estado atual do conhecimento em imunologia.

O mesmo, infelizmente, não pode ser dito de Mazumdar. Ela pendeu muito mais para o lado de Latour do que para o de Tauber e, em momento algum, se perguntou o que Ehrlich aprendeu a partir de sua polêmica com Landsteiner, ou o que Wiener (um sucessor de Landsteiner) aprendeu a partir de sua polêmica com Fisher (um sucessor de Ehrlich), e que importância tais polêmicas tiveram para o desenvolvimento posterior da imunologia. Embora não tenha citado Latour, e ainda que não o conhecesse ao escrever o referido *Species and Specificity*, ela de certa forma seguiu seu conselho e procurou chegar à ciência

---

18 Eu desenvolvo este ponto em meu citado artigo "Por que estudar controvérsias científicas?", publicado nesse mesmo ano de 1998.

'já feita' através do exame da ciência 'em construção'. O resultado, receio dizer, não recomenda tal procedimento. Apesar de ser um livro cuja riqueza historiográfica é provavelmente sem paralelo, não sou capaz de dizer se ele responde alguma pergunta. Pior do que isto, não sei dizer se ele levanta alguma questão. Em contraste, um artigo de D. Talmage (1995) e outro de G. Nossal (1995), ambos comparativamente pobres de um ponto de vista historiográfico, levantam questões que me parecem muito importantes, tais como, por exemplo, por que a teoria das cadeias laterais de Ehrlich foi enterrada em torno de 1910 e reabilitada 40 anos depois e que continuidade existe entre essa teoria e a teoria dos rearranjos gênicos, formulada 80 anos depois.

Se tais perguntas puderam ser formuladas é porque Talmage e Nossal (sem falar em Tauber) não se preocuparam com a 'ciência em construção' e sim com a 'ciência já feita'. Ao invés de ironizarem a teoria das cadeias laterais examinando o processo por meio do qual Ehrlich a formulou, e as estratégias que ele adotou para obter o assentimento dos seus pares, eles tomaram distância do processo de formação desta teoria e se perguntaram, em primeiro lugar, até que ponto Ehrlich estava certo (pergunta que Mazumdar jamais se fez), em segundo, por que os anos 10 não estavam preparados para Ehrlich, em terceiro, que correções a teoria das cadeias laterais estava demandando e, finalmente, de que outras teorias, formuladas em anos posteriores, e em outros campos do conhecimento, a teoria de Ehrlich pôde se beneficiar (a teoria da dupla hélice, diga-se de passagem, foi uma delas).

Disso decorre que vamos mais longe examinado a ciência como um produto do que como um processo.[19] Em forte oposição a Latour, penso que o exame da ciência "já feita" pode nos dizer muito sobre a ciência "em construção", mas a recíproca não é verdadeira. Penso que pretender dizer alguma coisa de relevante sobre a ciência examinando os processos por meio dos quais ela 'se faz' é um grave equívoco. Este

19 A propósito, Science as a Process (1988) é o título de um livro muito aclamado nos últimos anos. O autor, o kuhniano David Hull, inicia este livro nos seguintes termos: "Este livro diz respeito à ciência. Como os cientistas escolhem entre visões alternativas do mundo?" (This book concerns science. How do scientists choose between alternative views of the world?"). Contrariando Hull, penso que se o tema em discussão, o "concern", é mesmo a ciência, então indagar como os cientistas escolhem entre visões alternativas do mundo não é um bom começo. Um bom começo seria indagar como essas visões podem se beneficiar das críticas que são dirigidas às teorias que abrigam. Assim, entender, por exemplo, como os cientistas vêm a se alinhar ao darwinismo é muitíssimo menos importante do que entender como o darwinismo pode prosperar em decorrência das críticas formuladas à determinadas teorias desenvolvidas em seu interior (eu discuto esse ponto em Springer de Freitas, 1997).

equívoco torna-se evidente se examinarmos mais uma metáfora de Latour. Em seu citado "The Impact of Science Studies on Political Philosophy", Latour vangloria-se por examinar a ciência em sua 'linha de montagem', ao invés de examiná-la 'fora de sua linha de montagem'. Esta metáfora mostra bem o quanto escapa a Latour o que há de realmente importante em relação à ciência. Só faz sentido examinar um automóvel em sua linha de montagem se já soubermos de antemão como será este automóvel *fora* de sua linha de montagem. Como é perfeitamente possível ter esse conhecimento, então faz todo sentido examinar um automóvel em sua linha de montagem. Mas, se de uma mesma linha de montagem pudesse sair tanto um ótimo quanto um péssimo automóvel, então o exame do que se passa nessa linha de montagem não teria qualquer interesse. E é exatamente isto o que ocorre em relação à ciência. No caso da ciência, não é possível saber de antemão que produto resultará de uma determinada atividade. De uma mesma 'linha de montagem' pode sair tanto um modelo da dupla hélice quanto uma teoria que não resiste ao primeiro sopro. A Latour parece escapar o fato de que as teorias científicas não são um produto da atividade humana no mesmo sentido em que um automóvel é um produto da atividade humana. Se fosse possível existir uma linha de montagem cujo produto final não se pudesse conhecer à priori, então a metáfora da linha de montagem seria adequada para a ciência. Mas, como a hipótese da existência de tal linha de montagem é um absurdo, então a proposta de examinar a ciência 'em sua linha de montagem' não é nada que mereça celebração.

Há, entretanto, uma razão ainda mais forte para rejeitar a ideia de que o exame da ciência 'em construção' é relevante. Em uma linha de montagem de verdade, todo (ou pelo menos quase todo) produto que vem a ser montado é retido. Seria um absurdo montar cem carros para aproveitar um e eliminar os demais. Mas, no caso da ciência, é exatamente isto o que ocorre. 'Monta-se' muito e aproveita-se pouco. Daí que, querer dizer alguma coisa de relevante sobre o conhecimento concentrando-se na sua 'construção social' envolve desconhecer que apenas uma pequena proporção do que se constrói permanece de pé e que, nessa medida, muito mais importante do que mostrar o caráter 'socialmente construído' do conhecimento é explicar o que mantém esta referida pequena proporção de pé.

Quero, para concluir, mencionar que a obra de Latour não poderia ser considerada um exemplo de sociologia não paroquial porque, a exemplo dos construtivistas, Latour nunca tomou a devida distância dos processos sobre os quais se debruçou. O fato de ter se mantido a um palmo das controvérsias e das estratégias adotadas por cientistas para construir e usar "caixas-pretas" levou Latour (e, na verdade, a maioria dos sociólogos e filósofos de inspiração wittgensteiniana) a pensar que o que há de importante em relação às teorias científicas é o fato de haver algumas pessoas convencidas de sua validade. Penso que é enorme o mérito de Popper o de ter derrubado esta versão particularmente pobre da visão paroquial da ciência ao mostrar que o assentimento a uma teoria é um fato de importância secundária. O que há de verdadeiramente importante para saber a respeito do conhecimento está fora do alcance de qualquer sociologia paroquial do conhecimento. Refiro-me à capacidade que as teorias exibem de encerrar problemas e implicações que acabam por se impor à comunidade científica, de provocar críticas e tirar proveito delas, de se beneficiar do contato com outras teorias, de destruir ou reabilitar teorias anteriores, de ressurgir das cinzas com a ajuda de teorias posteriores e, sobretudo, de resistir a qualquer forma de paroquialismo.

# BIBLIOGRAFIA

AMSTERDAMSKA, O. (1990), "Surely you are joking, monsieur Latour". *Science, Technology & Human Values*, 15(4): 495-504.

ATKINSON, J.M. (1978), *Discovering suicide: studies in the social organization of sudden death*. Londres, MacMillan.

BARNES, B. (1977), *Interests and the growth of knowledge*. Londres, Routledge.

BARTLEY, W.W., III. (1987), "Philosophy of biology versus philosophy of physics", in G. Radnitzky e W.W. Bartley, III (orgs.), *Evolutionary epistemology, rationality, and the sociology of knowledge*, La Salle, Open Court, pp. 7-45.

BLOOR, D. (1991[1976]), *Knowledge and social imagery*. Londres, Routledge.

CAMPBELL, D.T. (1960), "Blind variation and selective retention in creative thought as in other knowledge processes". *The Psychological Review*, 67: 380-400.

CHERNYAK, L. e TAUBER, A. (1988), "History of immunology. The birth of immunology: Metchnikoff, the embryologist". *Cellular Immunology*, 117: 218-233.

CICOUREL, A.V. (1968), *The social organization of juvenile justice*. Nova York/ Londres, Wiley.

COLLINS, H. (1985), *Changing order: replication and induction in scientific practice*. Londres, Sage.

DOUGLAS, J. (1967), *The social meaning of suicide*. Princeton, Princeton University Press.

HULL, D. (1988), *Science as a process*. Chicago, The University of Chicago Press.

KIERKEGAARD, S. (1965), *The concept of irony*. Bloomington, Indiana University Press.

KNORR-CETINA, K. (1981), *The manufacture of knowledge: toward a constructivist and contextual theory of science*. Oxford, Pergamon.

LATOUR, B. (1983), "Give me a laboratory and I will raise the world", in K. Knorr-Cetina e M. Mulkay (orgs.), *Science observed*, Londres/Beverly Hills, Sage, pp. 141-170.

__________. (1987), *Science in action*. Cambridge, Harvard University Press

__________. (1990), "Post-modern? No, simply amodern! Steps towards an anthropology of science". *Studies in History and Philosophy of Science*, 21(1): 145-171.

__________. (1991), "The impact of science studies on political philosophy". *Science, Technology & Human Values*, 16(1): 3-19.

LATOUR, B. e WOOLGAR, S. (1979), *Laboratory life: the social construction of scientific facts*. London, Sage.

LYNCH, M. (1985), *Art and artifact in laboratory science: a study of shop work and shop talk in a research laboratory*. Londres, Routledge and Kegan Paul.

MACKENZIE, D. (1978), "Statistical theory and social interests: a case study". *Social Studies of Science*, 8: 35-83.

MAZUMDAR, P. (1995), *Species and specificity. An interpretation of the history of immunology.* Cambridge, Cambridge University Press.

MUNZ, P. (1987), "Philosophy and the mirror of Rorty", in G. Radnitzky e W.W. Bartley, III (orgs.), *Evolutionary epistemology, rationality, and the sociology of knowledge, La Salle, Open Court,* pp. 345-398.

NOSSAL, G. (1995), "One cell — one antibody", in R. llagher, J. Gilder, G.J.V. Nossal e G. Salvatore (orgs.),*Immunology: the making of a modern science,* Londres, Harcourt Brace & Company, pp. 39-47.

POPPER, K. (1992 [1972]), *Objective knowledge.* 7 a. ed., Oxford, Clarendon Press.

RORTY, R. (1993), "Solidariedade ou objetividade?". *Novos Estudos,* 36: 109-121.

SCHWARTZMAN, S. (1994), "Os dinossauros de Roraima (ou a sociologia da ciência e da técnica de Bruno Latour)". *Novos Estudos,* 39: 172-179.

__________ . (1997), *A redescoberta da cultura.* São Paulo, EDUSP.

SHAPIN, S. (1995), "Here and everywhere: sociology of scientific knowledge". *Annual Review of Sociology,* 21: 289- 321.

SPRINGER DE FREITAS, R. (1993), "Construtivismo e ironia sociológica". *Novos Estudos,* São Paulo, Cebrap, 36, julho: 223-233.

__________. (1997), "Back to Darwin and Popper: criticism, migration of piecemeal conceptual schemes, and the growth of knowledge". *Philosophy of the Social Sciences*, 27(2): 157-179.

__________. (1998), "Por que estudar controvérsias científicas?". *Episteme, Filosofia e História das Ciências em Revista*, 3(6): 208-221.

SPRINGER DE FREITAS, R. e BATITUCCI, E. (1997), "A falácia da interpretação da cultura como texto". *Lua Nova*, 40/41: 267-288.

TALMAGE, D. (1995), "Origins of the cell selection theories of antibody formation",in R. Allagher, J. Gilder, G.J.V. Nossal e G. Salvatore (orgs.), *Immunology: the making of a modern science*, Londres, Harcourt Brace & Company, pp. 26-38.

TAUBER, A. (1990), „Metchnikoff, the modern immunologist". *Journal of Leukocyte Biology*, 47: 561-567.

__________. (1991), "The immunological self: a centenary perspective". Perspectives in Biology and Medicine, 5(1): 74- 86. TAUBER, A. e CHERNYAK, L. (1989), "History of immunology. The birth of immunology: Metchnikoff and his critics". *Cellular Immunology*, 121: 447-473.

__________. (1991), *Metchnikoff and the origins of immunology: from metaphor to theory*. Oxford, Oxford University Press.

WOOLGAR, S. (1983), "Irony in the social study of science",
inK. Knorr-Cetina e M. Mulkay (orgs.), *Science observed*, Londres, Sage, pp. 239-266.

Registro meu reconhecimento ao professor Simon Schwartzman
por sua valiosa crítica a uma versão anterior deste trabalho.

# a saga do ideal da boa ciência

**PRÓLOGO**

O colapso do ideal baconiano de boa ciência, consumado com o advento da teoria da relatividade, o subsequente insucesso dos empiristas do Círculo de Viena em estabelecer um ideal substituto e a pertinência da crítica de Pierre Duhem ao ideal racionalista levaram a reflexão sobre o que é boa ciência a subordinar-se a uma análise naturalística do processo de aquisição de conhecimento ou, simplesmente, a dissolver-se em uma sociopsicologia do conhecimento. Gostaria de sugerir que nenhuma dessas formas de capitulação é necessária. A reflexão sobre o que é boa ciência, ou, para usar um termo mais familiar, a metodologia, pode reencontrar seu caminho se assumir a posição que, por assim dizer, lhe é de direito: a de carro-chefe da história da ciência. É verdade que há algo de megalomaníaco em supor que a metodologia possa assumir tão elevada posição, mas não consigo vislumbrar um caminho intermediário entre o recuo a uma das formas de naturalismo a que acabo de fazer menção e uma operação de altíssimo risco. Receio que a metodologia tenha sido conduzida ao fundo de um poço do qual não há mais como sair a não ser dando um salto vertiginoso. O objetivo deste artigo é discutir a viabilidade deste salto.

## O IDEAL DE BOA CIÊNCIA NA ENCRUZILHADA

O ideal de boa ciência que por mais tempo seduziu a ciência moderna foi, sem dúvida, o indutivista de Francis Bacon. Eu o resumiria assim: boa ciência é a que se mostra capaz de inferir leis naturais a partir do acúmulo de observações. Mais precisamente, é a que dispõe de princípios que, uma vez postos em prática, permitem que essas leis se mostrem espontaneamente ao intelecto. O princípio fundamental é manter a mente a salvo de enganos. Estes podem vir de toda parte: da imerecida confiança que usualmente depositamos em nossos sentidos, de nossos sentimentos subjetivos, do intercâmbio social e de toda sorte de sistemas, religiosos ou laicos, de pensamento. Se é assim, a condição primordial para a produção de conhecimento válido é a existência de mentes suficientemente bem treinadas para não se deixar enganar por nada disto. Satisfeita esta condição, observações e inferências confiáveis poderão ser feitas e a produção de uma boa ciência estará garantida. Nada menos que Newton e, posteriormente, Darwin se disseram tributários dessa concepção. Ambos acreditavam, algo ingenuamente, que suas respectivas ciências eram o resultado de um acúmulo criterioso de observações. Na verdade, o ideal baconiano de boa ciência desfrutou de um status canônico por quase três séculos. Com o benefício do olhar retrospectivo, é de espantar que tenha sido preciso que os alicerces da física newtoniana fossem abalados para que ele também se visse abalado. Seja como for, o início do séc. XX assistiu ao colapso da ideia de que os princípios baconianos garantem uma boa ciência. Isto conduziu a metodologia a um impasse: decidir se a ciência, para merecer este nome, precisa ou não de garantias. Responder que sim demandaria mostrar quais seriam essas garantias. Responder que não demandaria explicar como, na ausência de garantias, a ciência poderia ser uma forma particularmente privilegiada de conhecimento. Os filósofos que, como Carnap e os empiristas lógicos de um modo geral, responderam sim, não foram capazes de mostrar as garantias. Os que, como Popper, responderam não, foram mais bem sucedidos. Eles foram capazes de conceber uma ciência sem garantias: a ciência, disseram, mesmo não dispondo de um método capaz de assegurar, de antemão, a validade de seus resultados, constitui uma forma privilegiada de conhecimento porque é a única capaz de se expor a testes e de resistir a eles. Com esta resposta, a metodologia pôde sair da encruzilhada a que foi conduzida pela crise da Física do fim do séc. XIX. Postulou-se, a partir daí, que o fato de a ciência ser um corpo privilegiado de conhecimento não reside na extensão em que observações e generalizações indutivamente estabelecidas se mostram depuradas das ilusões cognitivas a que a mente humana está inevitavelmente exposta mas, sim, na diversidade de consequências empíricas que podem ser deduzidas dos enunciados científicos e na capacidade que essas exibem de resistir a testes.

Este novo ideal de boa ciência, de caráter racionalista, foi plenamente encampado pelos livros-textos de metodologia científica. Tome-se, por exemplo, o notável livro de Stinchcombe, *Constructing Social Theories*, de 1968. Ele apresenta a abordagem sociológica de Durkheim sobre o suicídio como um modelo de boa ciência. Com efeito, é difícil imaginar um trabalho — refiro-me, evidentemente, ao clássico *O Suicídio* — em que o ato de derivar consequências empíricas de enunciados e submetê-las a testes seja tão ubíquo. A discussão de Durkheim sobre o suicídio no exército merece particular atenção. Sabia-se que os militares se matam mais que os civis em qualquer país da Europa. Convencionalmente se pensava que é por causa das adversidades inerentes à vida militar. Vida militar envolve privação da liberdade, convívio forçado e permanente exposição a toda sorte de humilhações. Tudo isto é verdade, admite Durkheim, mas o suicídio no exército nada tem a ver com isto. O suicídio nesta corporação é da mesma natureza que o suicídio nas sociedades ditas primitivas. Em ambos os casos, uma fatia considerável de autonomia é subtraída dos indivíduos em favor de uma identidade coletiva. No limite, a própria noção de autonomia individual perde sentido. O sentido da vida passa, então, a se localizar fora dela. Daí, o suicídio. Para tornar esta tese empiricamente tratável, Durkheim derivou nada menos que quatro consequências empíricas, três das quais extremamente contra-intuitivas, e testou-as uma a uma. Sua tese demandava que os voluntários se matassem mais que os não voluntários, que os militares mais antigos na corporação se matassem mais que os mais recentes, que os militares de alta patente se matassem mais que os de baixa patente e que, em países protestantes, o índice de agravamento do suicídio fosse menor que em países católicos. Essas quatro demandas foram satisfeitas.

Igualmente notável foi a forma como Durkheim procedeu para corroborar sua tese fundamental de que a explicação para taxas de suicídio deve ser buscada no exame da natureza dos laços sociais e não em qualquer fator de caráter psicológico. Durkheim propôs que a explicação para, digamos, a taxa comparativamente baixa de suicídios entre os católicos deve ser buscada na natureza dos laços sociais que se estabelecem entre eles e, não, como se tenderia, então, a supor, no fato de o catolicismo ser implacável com o suicida a ponto de negar-lhe um enterro cristão. Uma implicação desta tese é a de que, embora seja verdade que os católicos temam pelo destino de suas almas caso venham a se matar, as baixas taxas de suicídio entre eles nada têm a ver com isto. Para tornar tal afirmação empiricamente tratável, Durkheim voltou-se para os judeus. O judaísmo é relativamente tolerante no que se refere ao suicídio. Um judeu não teme arder no inferno caso se mate. Ademais, há uma clara e sabida conexão entre o suicídio e três fatores: grau de instrução elevado, procedência urbana e dedicação ao comércio. Esta conjunção de fatores (refiro-me aos quatro) faz do judeu um sério candidato ao suicídio. Se, entretanto, o que conta é a natureza dos laços sociais, e os laços entre os judeus são estreitos, então é de se esperar, contra os quatro fatores acima, que os judeus se matem muito pouco. Durkheim procura então mostrar que este é o caso. De um único golpe, a saber, a comparação das taxas de suicídio entre judeus e católicos, ele procurou mostrar a superioridade de sua tese sobre nada menos que quatro teses alternativas. Dada a ousadia de Durkheim em pretender corroborar um enunciado e, ao mesmo tempo, refutar quatro alternativos através do simples expediente de derivar do primeiro uma consequência empírica cuja negação é demandada por todos os outros, não é de estranhar que *O Suicídio* seja apresentado como um modelo de boa ciência pelos melhores livros-textos de metodologia das ciências sociais.

## A ESPADA DE DUHEM

Este ideal racionalista de boa ciência representa, sem dúvida, um avanço desmedido em relação à visão baconiana. Não obstante, já nasceu com uma espada sobre a cabeça. Ele demanda que o falseamento de uma consequência empírica seja transferido para o enunciado do qual ela foi deduzida. Tal transferência, entretanto, nem sempre é possível porque, sempre que derivamos uma consequência empírica C, de um enunciado E, este último se articula a muitos outros, digamos, $E_1$, $E_2$ e $E_3$ e, se a primeira é falseada, não podemos saber com certeza se o responsável por isto é E ou qualquer um dos outros enunciados aos quais ele se articulou. Considere-se, por exemplo, o enunciado E: "A Terra é redonda". Derivemos dele a consequência empírica C: "quando um navio se dirige para a linha do horizonte, o mastro será a última parte a desaparecer". O simples fato de testar esta consequência empírica estabelece uma conexão entre E e todo um conjunto de outros enunciados. Para efeito de exposição, vou me limitar a imaginar três. $E_1$: "aquele objeto, a uns 200 metros de nós, é um navio se dirigindo à linha do horizonte". $E_2$: "os seres humanos são capazes de perceber um navio desaparecendo, aos poucos, no horizonte". $E_3$: "nossas percepções são plenamente confiáveis". Suponhamos, agora, que tenhamos observado o navio desaparecer na linha do horizonte e que o mastro não tenha sido a última parte a desaparecer. Que enunciado terá sido falseado nesse caso? Idealmente estamos testando E: "A Terra é redonda". Mas a observação de que o mastro não foi a última parte a desaparecer contraria igualmente a $E_1$, $E_2$ e $E_3$ ou, mesmo, um En que sequer nos tenha ocorrido. Ela não é, portanto, um meio inequívoco de refutar E. Assim, se derivamos uma consequência empírica C de um enunciado E, e C revela-se falso, idealmente supomos que E é falso. Mas muitas vezes não podemos saber se a falsidade de C transfere-se para E ou para algum outro (ou alguns outros) enunciado(s) a que E veio a se articular no momento em que C foi submetido a teste. Esta impossibilidade pode manter E permanentemente a salvo de refutação, o que seria um golpe mortal para o ideal racionalista de boa ciência.

Pierre Duhem chamou pioneiramente a atenção para este problema antes mesmo que esse ideal viesse a se estabelecer. Popper, bom leitor de Duhem que era, mostrou-se ciente de tudo isto, mas não pensou que estivesse diante de um problema tão grave (Popper, 1999:43-4). É verdade, ele diz, que muitas vezes não é possível saber que enunciado de um sistema teórico está sendo falseado quando uma consequência empírica deste sistema é falseada. Nesses casos, ele prossegue, o cientista deve seguir seus instintos e contar com a sorte (Popper, 1999:80-1). Se não há como afastar a espada, nada mais resta a fazer a não ser torcer para que ela não caia! Mas houve quem não achasse prudente contar com a sorte. Refiro-me ao filósofo da ciência Imre Lakatos.

Lakatos quis manter o novo ideal canônico de boa ciência a salvo das objeções de Duhem propondo o que denominou "metodologia dos programas de pesquisa". Um "programa de pesquisas" é uma série de teorias ancoradas em um conjunto articulado de pressupostos teóricos e meta-teóricos cuja validade pode ser, até segunda ordem, presumida (Lakatos, 1970). Para que exista uma série de teorias é necessário que haja uma primeira, da qual se possa derivar uma ou mais consequências empíricas. Suponhamos que uma dessas consequências seja contrariada pela experiência. Como, nesse caso, identificar a parte da teoria que foi afetada? Não precisamos identificar, responde Lakatos. Podemos, nesse caso, recorrer a uma hipótese auxiliar para manter a teoria a salvo do contra-exemplo. Há, entretanto, algo a exigir dessa hipótese auxiliar: que se mostre capaz de antecipar fatos novos. Na medida em que o faz, converte-se na segunda teoria da série que compõe o programa de pesquisas. Esse processo pode continuar indefinidamente. Mesmo as hipóteses auxiliares que não são bem sucedidas o suficiente para se elevarem à condição de teoria de um programa de pesquisa cumprem um papel fundamental. Nenhum programa de pesquisa pode prosperar se não for capaz de desenvolver uma heurística que sirva de "cinto de proteção" para seu núcleo básico de pressupostos, e as hipóteses auxiliares são a fonte desta heurística.

Para ilustrar tudo isto vou me valer da famosa tese de Marx de que a revolução comunista deveria ocorrer na Inglaterra, país cujas "condições materiais" eram, então, as mais maduras para uma ação revolucionária. A revolução comunista, como sabemos, ocorreu na Rússia, país cujas "condições materiais" não eram nada propícias. Isto parece afetar a tese, que faz parte do "núcleo duro" de pressupostos meta-teóricos do marxismo, de que o "ser social determina a consciência". Uma hipótese auxiliar veio, entretanto, em socorro deste pressuposto. A chamada tese do "elo mais fraco da corrente", de Lênin. De acordo com ela, a Inglaterra e a Rússia não podem ser tomadas como unidades estanques. Ambas constituem elos de uma mesma corrente e, portanto, o que ocorre em um país tem repercussão sobre o outro. Na medida em que esta tese encerra a regra "não se deve tomar fronteiras nacionais como unidades auto-contidas de análise sócio-política", a qual passou a fazer parte da heurística marxista, ela torna o enunciado "A revolução comunista deve ocorrer na Inglaterra" imune ao fato de a revolução ter ocorrido na Rússia porque o vincula ao enunciado "Inglaterra e Rússia são elos de uma mesma corrente". Mas, vale isto? Sim, responde Lakatos, desde que a teoria do elo mais fraco da corrente se mostre capaz de antecipar fatos novos. Ela antecipa, por exemplo, a revolução chinesa e/ou a cubana? Se sim, estamos diante de uma boa ciência. Se não, não estamos. Há, entretanto, um problema, para o qual Feyerabend (1977) chamou devidamente a atenção. Lakatos quer relaxar os critérios popperianos de boa ciência sugerindo que se dê uma chance às teorias cujas consequências empíricas foram falseadas. Mas, por que não duas, ou três? Afinal, teorias não são como namorados mal-comportados que só merecem uma única chance. Lakatos, certamente, teria que admitir isto e, no limite, isto conduziria a uma completa imunização da teoria contra o falseamento. Seria a espada de Duhem de volta ao cenário.

## O IDEAL DE BOA CIÊNCIA SE RENDE
## AO NATURALISMO

Antes que Lakatos pudesse, bem ou mal, se haver com a advertência de Duhem, houve quem se valesse dela para colocar em xeque a própria pertinência de uma reflexão apriorística sobre o que é uma boa ciência. Refiro-me, agora, a Quine. De acordo com ele, se alguma reflexão metodológica (isto é, sobre o que é uma boa ciência) é, de todo, possível, esta não pode ter um caráter apriorístico. Ela deve estar subordinada a uma investigação sobre como o conhecimento é efetivamente adquirido — sobre como, a partir de tão pouco: as estimulações sensoriais, que é tudo o que nos é imediatamente dado, podemos produzir algo tão magnífico quanto, por exemplo, as teorias científicas. Inaugurou-se, assim, o que veio a ser conhecido como a *abordagem naturalista do conhecimento*. A reflexão metodológica passou, a partir daí, a ser vista como um dos possíveis sub-produtos de uma análise sobre o modo como se dá a aquisição de conhecimento.

Para analisar esse processo, Quine tomou o aprendizado de uma língua como modelo. Grosso modo, ele diz, este aprendizado se dá por duas vias. A primeira, mais primitiva, é a da ostensão. Esta se verifica quando um adulto aponta um objeto para uma criança (ou um nativo aponta um objeto para um estrangeiro) e diz o nome desse objeto. Após algumas indicações, a criança (ou o estrangeiro) saberá associar palavras como "pássaro", "camisa", "meia" etc., aos objetos correspondentes. A segunda é, entretanto, a que mais interessa no que se refere a seu argumento. Trata-se, agora, do processo de aprender a associar palavras e sentenças não a objetos, mas umas às outras, em níveis crescentes de autonomia em relação à experiência sensível. Assim, aquilo que, no plano primitivo da ostensão pode ser, na melhor das hipóteses, descritível como, digamos, "pássaro", num plano mais complexo pode se traduzir em "eis um pássaro batendo as asas", "o pobre animal está assustado" e, num plano ainda mais complexo, "há transformação de energia nesse local".

Compreender a ciência, sugere Quine, não é diferente de compreender como um estímulo tão primitivo como o espetáculo de um pássaro agitando as asas pode acabar por conduzir a uma resposta tão formidável quanto o enunciado "há transformação de energia nesse local". Como um salto como este pode ser dado? Só pode haver uma explicação, raciocina Quine: entre o estímulo sensorial e a resposta formidável deve haver uma miríade de outros enunciados, alguns mais próximos do estímulo, outros da resposta, os quais são formados na medida em que uma resposta ao estímulo original serve de estímulo para uma resposta de nível um pouco mais complexo, e assim sucessivamente, até que um enunciado como "há transformação de energia neste local" possa ser produzido. Nessa perspectiva, a ciência tem um caráter necessariamente holístico. Ela consiste de redes inteiras de enunciados que só fazem sentido em bloco. A principal lição metodológica que Quine tira daí é a de que, ao contrário de tudo o que os livros-textos de metodologia científica apregoam, não é (logicamente) possível refutar um enunciado via submissão de suas consequências empíricas a testes. Duhem colocou uma espada sobre o ideal racionalista de boa ciência. Popper e Lakatos tentaram, de alguma forma, afastá-la. Quine soltou-lhe as amarras.

Com este ideal fora do caminho, o que nos resta? O pragmatismo, responde Quine. A cada homem, ele diz, é dada uma herança científica e uma carga contínua de estimulação sensorial. Cabe-lhe ajustar uma coisa à outra, e as considerações que o guiam nessa empreitada são, quando racionais, de ordem estritamente pragmática (Quine, 1953: 46). Mas, se é assim, então não se pode vetar, a priori, o ato de submeter enunciados a testes via dedução de suas consequências empíricas. Tudo o que se pode fazer a respeito é advertir que recorremos a tal expediente por uma mera questão de conveniência, isto é, apenas como um meio eficiente de "prever a experiência futura à luz da experiência passada" (Quine, 1953:44). Não devemos nos esquecer, Quine diria, que há maneiras alternativas de conectar o passado ao futuro e que, desde que uma determinada maneira se mostre eficiente na sua esfera específica de atuação, ela vale tanto quanto qualquer outra.

Em seu célebre *Humano, Demasiado Humano*, seção 111, Nietzsche nos fala de um tempo em que não havia qualquer noção de causalidade natural.

Quando se remava, não era o remo que movia o barco; remar era apenas uma cerimônia mágica, pela qual se forçava um demônio a mover o barco. Se as fontes secavam de repente, pensava-se primeiro em demônios subterrâneos e suas maldades. Quine tem razão: há mesmo maneiras alternativas de conectar o passado ao futuro. A postulação da existência de demônios é uma delas. A postulação de causalidade natural é outra. Não há, Quine diz, descontinuidade entre elas. A única diferença está no grau em que cada uma favorece nossa maneira de lidar com a experiência sensorial imediata  (Quine, 1953: 45). Ao postular tal continuidade, Quine acabou por conduzir, ainda que involuntariamente, a advertência de Duhem a uma espécie de vale-tudo. Se não há descontinuidade entre demônios e causalidade natural; se ambos seriam, como o próprio Quine sugere em seu clássico artigo "Dois Dogmas do Empirismo", "mitos" de uma mesma espécie, dos quais nos servimos para lidar com nossas experiências sensoriais, e se tudo o que temos a demandar desses "mitos" é que se mostrem eficientes nas circunstâncias particulares em que são mobilizados, então qualquer um deles, desde que bem ajustado a um bloco monolítico de enunciados, e que se mostre útil a um conjunto previamente delimitado de propósitos, deve valer.

Cabe, entretanto, alertar que este vale-tudo não se confunde com o amplamente conhecido vale-tudo de Feyerabend. Apesar de se auto-proclamar "contra o método", Feyerabend sempre se houve com a questão metodológica sem imaginar que ela tivesse que ser subordinada a alguma análise de caráter naturalista. Apesar de sua retórica irracionalista, a preocupação em saber o que é uma boa ciência e como ela é possível é central em seu pensamento. Neste, a resposta para essas perguntas não aparece como um sub-produto da resposta para a pergunta: como se adquire conhecimento? Assim, se Feyerabend não considerasse a ciência de Galielu um modelo de boa ciência, ele não teria por que se empenhar em mostrar quão importante foram para o avanço da ciência moderna os esforços, muitas vezes de caráter maquiavélico, deste notável físico e astrônomo italiano para convencer os teólogos aristotélicos da validade do sistema copernicano. Diferentemente de Quine, Feyerabend está explícita e profundamente empenhado em saber o que torna uma teoria intrinsecamente digna de interesse. Seu controvertido livro *Contra o Método* quer mostrar que Popper, e os racionalistas de um modo geral, não foram capazes de oferecer uma boa resposta, e não que essa indagação não seja fundamental. Se assim não o fosse, ele não teria por que dizer, como o fez, que "não há uma única teoria digna de interesse que esteja em harmonia com todos os fatos conhecidos que se situam em seu domínio" (Feyerabend, 1977:41). Talvez a essência do naturalismo de Quine, se assim posso me expressar, esteja em dizer exatamente o oposto: toda e qualquer teoria é digna de interesse desde que esteja em perfeita harmonia com todos os fatos conhecidos que se situam em seu domínio. Ou, melhor dizendo: uma teoria *só é* uma teoria na medida em que consegue se manter em  harmonia com todos os fatos conhecidos do seu domínio.

Nos marcos do naturalismo holista de Quine, entretanto, manter-se em harmonia com todos os fatos conhecidos não é uma meta difícil de ser alcançada. As considerações anteriores sobre o modo pelo qual algo como o espetáculo de um pardal agitando as asas pode conduzir a um enunciado como "há transformação de energia nesse local" torna isto claro. Vimos que este último só pode estar conectado a um enunciado como "eis um pardal agitando as asas" se ambos estiverem conectados a todo um conjunto de outros enunciados de graus variados de afastamento em relação ao estímulo original. Os dois enunciados em consideração, e todos os outros, articulam-se assim em um único bloco. O significado de cada um dos enunciados resulta, nessa perspectiva, de sua articulação com todos os outros, e este vasto conjunto de enunciados interconectados exibe um caráter de "campo de forças", que só mantém contato com a experiência sensorial em sua periferia (Quine, 1953:42). Assim, no exemplo dado anteriormente, o enunciado "A Terra é redonda" ocupa uma posição mais central no "campo". Ele está bastante afastado da experiência sensorial imediata. O enunciado que descreve o que observamos quando um navio desaparece na linha do horizonte ocupa a posição mais periférica. Entre um e outro, é possível conceber a existência de muitos outros enunciados, não explicitados, uns mais próximos do centro (os anteriormente mencionados $E_2$ e $E_3$), outros da periferia (o enunciado $E_1$), conectados entre si e aos dois enunciados em consideração. Se acontecer de a experiência sensorial contrariar um enunciado situado na periferia desse "campo de forças", este último não se verá em dificuldade. Nesse caso, os outros enunciados se redistribuem dentro do campo, isto é, deslocam-se para posições mais centrais ou mais periféricas, de forma a manter o sistema, como um todo, à salvo da experiência sensorial que contrariou o enunciado periférico. Nessa perspectiva, ao contrário do que dizem os livros-textos de metodologia, teorias não se sustentam porque se mostram capazes de resistir a testes cruciais — mesmo porque, agora, teorias sequer podem se prestar a testes cruciais -, mas porque encerram redes de enunciados capazes de se proteger mutuamente sempre que alguma consequência empírica de algum desses enunciados é contrariada pela experiência. Daí a impossibilidade, *a priori*, de uma teoria científica em desarmonia com qualquer fato conhecido de seu domínio.

Estamos, então, diante de uma crítica radical ao ideal racionalista de boa ciência. Conforme vimos, este último veria a sociologia que Durkheim oferece em *O Suicídio* como um inequívoco exemplo de boa ciência. Durkheim procurou mostrar, via submissão de teorias em competição a testes cruciais, isto é, via derivação de uma consequência empírica de uma das teorias, cuja negação é implicada pelas demais, que: 1) o suicídio no exército é da mesma natureza que o suicídio em sociedades ditas primitivas, 2) o índice comparativamente baixo de suicídio entre os católicos é da mesma natureza que o índice comparativamente baixo de suicídio entre os judeus e, 3) em ambos os casos, pode-se perfeitamente prescindir da psicologia porque a explicação só pode ser encontrada em um exame da natureza dos laços sociais. Se isto não é um exemplo de boa ciência, diria o ideal racionalista, o que mais poderia ser? O naturalismo holista de Quine, entretanto, não veria razão para tanto entusiasmo.

Ele argumentaria que os enunciados que Durkheim presumivelmente refutou podem ser facilmente reabilitados desde que outros enunciados venham em seu socorro. Relembremos, por exemplo, a tese de Durkheim de que a taxa comparativamente elevada de suicídio entre os voluntários requer uma explicação sociológica e exclui a possibilidade de qualquer explicação psicológica para o suicídio no exército. Pode-se, contra isto, argumentar que os voluntários se matam mais porque, antes de entrar para o exército, alimentam expectativas sobre a vida militar e estas se frustram amplamente. A psicologia estaria, assim, reabilitada. Se este tipo de exercício for generalizado, algo que pode facilmente ser feito, não restaria pedra sobre pedra do argumento sociológico a respeito de mortes voluntárias. Isto significaria que *O Suicídio* é um irremediável fracasso? Bom pragmatista que é, Quine responderia que não. Responderia que para entender a real contribuição de Durkheim é necessário entender o que ele efetivamente fez. E, de um ponto de vista pragmatista, o que Durkheim efetivamente fez, ao supor haver contribuído para o avanço do conhecimento científico via falseamento de teorias psicológicas incapazes de perceber que a explicação para o comportamento humano reside na natureza dos laços sociais, foi mascarar o fato de que "natureza dos laços sociais" é, tanto quanto o aparato conceitual psicológico a que esta concepção se contrapõe,  um dos possíveis "mitos" a que podemos recorrer para estabelecer uma conexão entre nossas experiências passadas e futuras. Se a sociologia de Durkheim pode, de todo, ser considerada uma boa ciência, é somente por razões dessa natureza, isto é, é somente por ter produzido um ou mais "mitos" potencialmente úteis, e não pelas razões mencionadas nos livros-textos de metodologia científica.

## O IDEAL DE BOA CIÊNCIA CHEGA
## AO FUNDO DO POÇO

Apesar de implicar tal crítica contundente aos livros-textos de metodologia, esta versão do naturalismo deixa ainda alguma margem para a preocupação com a questão metodológica. Quine questionou a pertinência de uma reflexão metodológica de caráter apriorístico, e não de qualquer reflexão metodológica concebível. Houve, entretanto, quem desse este passo adicional, conduzindo a abordagem naturalista a um verdadeiro manifesto antimetodológico. Subordinar a reflexão metodológica a uma análise naturalística do processo de aquisição de conhecimento pareceu, a alguns, pouco. Melhor mesmo, diriam, seria acabar logo com esta saga do ideal de boa ciência dissolvendo-o em uma sociopsicologia do conhecimento. Refiro-me, agora, àqueles que, por falta de melhor nome, chamarei de behavioristas wittgensteinianos. Embora seja clara a influência que receberam de Wittgenstein e de Kuhn, eles são, de fato, herdeiros diretos do empirismo de Hume. Eu reconstruiria idealmente a posição antimetodológica desses sociólogos pós-kuhnianos nos seguintes termos: todas as tentativas de mostrar o que é uma boa ciência fracassaram. Não há, na verdade, por que insistir nisto. No que diz respeito à prática científica, todos sabem o que é uma "boa" (agora entre aspas) ciência. Devemos, portanto, deixar a questão metodológica de lado e concentrarmo-nos na atividade científica tal como realmente se dá. Ao invés de indagarmos o que é uma boa ciência, devemos indagar como definições de "boa ciência" são estabelecidas, aprendidas e incorporadas à prática científica efetiva.

Para além de uma boa crônica da ciência, a quê pode, entretanto, esta linha de investigação conduzir? David Bloor, o mais importante desses sociólogos, parece ter se dado conta de que esta radicalização do naturalismo não tem interesse algum a menos que possibilite, de alguma forma, atingir o que ele mesmo chamou de "o próprio coração do conhecimento"

(Bloor, 1976). Ele pretendeu, então, via uma peculiar combinação da psicologia empirista de Stuart Mill com uma estranhíssima concepção sociológica de objetividade à qual chegou, espantosamente, a partir de Frege, "tocar o próprio coração" do conhecimento matemático. Naturalmente, os ecos do naturalismo de Quine se fizeram presentes: só é possível fazê-lo, argumenta Bloor, investigando o modo como efetivamente este conhecimento é adquirido. Como, afinal, isto se dá? Como se aprende matemática? Bloor vai buscar a resposta em Stuart Mill: aprende-se matemática tomando-se operações físicas com objetos como um modelo para raciocínios abstratos. Crianças brincam com pedrinhas. Elas as ordenam, agrupam, separam etc. Processos de raciocínio matemático são apenas pálidas sombras de operações físicas dessa natureza. É em razão de nossa experiência anterior em ordenar, agrupar e separar objetos físicos que somos capazes, por exemplo, de entender uma equação como $x(x + 2) + 1 = (x + 1)^2$. Bloor, então, ancora-se em Stuart Mill para mostrar como uma experiência tão primitiva quanto brincar com pedrinhas pode conduzir a algo tão formidável quanto tal equação.

Há, entretanto, lembra Bloor, uma séria lacuna no raciocínio de Mill, para a qual Frege chamou devidamente a atenção: o caráter objetivo do conhecimento matemático ficou sem explicação. Os números, diz Frege, não estão no mundo material da mesma forma que uma árvore está. De uma árvore podemos dizer que é frondosa, verde etc. De um número não é possível dizer nada disto. Os números tampouco estão na mente, no mesmo sentido em que, por exemplo, um sentimento está. Não há o "meu" dois ou o "seu" "dois". Os números, então, fazem parte de um mundo que não é nem o dos objetos materiais nem o das disposições subjetivas. Fazem, antes, parte daquilo que Frege denominou o mundo da objetividade. Bloor concorda com tudo isto e se pergunta: o que é esta objetividade de que fala Frege? A resposta, ele vai buscar no que faltou a Mill: uma sociologia. O único erro de Mill, segundo Bloor, foi não ter percebido que nem toda maneira de operar com objetos físicos serve de matéria prima para nossos raciocínios matemáticos. Há maneiras "caracteristicamente matemáticas" de operar. "Tocar o coração do conhecimento matemático" seria, então, uma questão de entender o que faz de uma situação na qual certas operações são realizadas uma situação "caracteristicamente matemática". Posto o problema desta forma, a resposta ficou fácil: o que torna uma situação "caracteristicamente matemática" é um conjunto determinado de convenções que organizam, *a priori*, nossas experiências com objetos. Estas autorizam certos padrões de ordenação, agrupamento e separação de pedrinhas e desautorizam outros e, ao fazê-lo, conferem ao conhecimento matemático um caráter institucional. Eis, então, o que é a matemática: uma maneira institucionalizada de se comportar. Uma maneira socialmente sancionada de operar com objetos e de fazer inferências a partir daí. E eis o que lhe confere objetividade: seu caráter institucional. Bloor não precisou da espada de Duhem para aniquilar com a metodologia. Bastou-lhe combinar uma versão particular do empirismo de Hume (expresso na aritmética de Mill) com uma versão sociológica, bem ao estilo de Durkheim, do apriorismo kantiano.

## A MOLA NO FUNDO DO POÇO

Entretanto, nem tudo está perdido. Dizem que existe uma mola no fundo do poço. Para tornar a sua sociologia do conhecimento apta a atingir "o próprio coração do conhecimento", Bloor se viu forçado a jogar qualquer ideal concebível de boa ciência no fundo do poço. Mas, como que por um ato da Providência, ele jogou a mola também: a concepção de objetividade de Frege. É verdade que, ao revestir essa concepção de um caráter de convenção social, ele a desfigurou. Ele distendeu a mola antes de jogá-la no poço. Mas, para isto há remédio. A mola pode ser reparada e, mais do que isto, tornada ainda mais potente.

Para reparar a mola é necessário mostrar como ela foi danificada. Vejamos, então, como Bloor o fez, isto é, como ele desfigurou o pensamento de Frege. Este último, conforme vimos, nos fala de um mundo que não é físico nem mental, real mas não atual, cujos habitantes são, por exemplo, a linha do equador, o eixo da terra, o centro de massa do sistema solar e os números. Bloor seguiu Frege até aí. Em seguida, entretanto, converteu-o em um sociólogo durkheimiano do conhecimento *avant la léttre*. Bloor deteve-se no exemplo da linha do equador. Esta linha imaginária, argumentou, é, tanto quanto uma fronteira territorial, uma convenção social. Não, evidentemente, uma convenção qualquer, mas uma que se impõe de forma irresistível. Daí, concluiu: o que mais pode ser a objetividade senão essa tenacidade com que as convenções sociais se impõem a nós? Pobre Frege! Em que naturalista medíocre Bloor o transformou! Não lhe ocorreu que não foi por acaso que Frege mencionou a linha do equador e não o meridiano de Greenwich. Este último é, de fato, uma convenção, no sentido de Bloor. O meridiano passa por Londres, mas não precisaria passar. Nada, a não ser nossas próprias conveniências, nos obriga a mantê-lo ali. O equador, ao contrário, é uma linha imaginária que corta uma postulada figura geométrica pela metade. Para mudá-lo de lugar, teríamos que esticar ou achatar, ainda mais, um dos pólos do planeta. E, mesmo que isto fosse possível, uma nova linha imaginária, que poderíamos continuar ou não chamando de equador, permaneceria cortando uma figura geométrica pela metade. O conceito de metade, a propósito, é mais um habitante do mundo da objetividade de Frege. Comparar a linha do equador com uma fronteira territorial é, então, um nítido despropósito. Como a atribuição de um caráter de convenção social ao conhecimento objetivo de Frege depende de despropósitos dessa natureza, podemos considerar sem efeito o uso que Bloor faz de Frege. Está, assim, restaurada a mola que Bloor distendeu. Vejamos, agora, como o ideal de boa ciência pode se apoiar nela para sair do poço a que foi gradativamente conduzido.

Frege não postulou este terceiro mundo do conhecimento objetivo para falar do equador ou de números mas, sim, de nada menos que a própria lógica. Desde Aristóteles esta era concebida como o conjunto de regras que governam o pensamento. Frege rompe com isto radicalmente. A lógica é objetiva: não se refere às leis do pensamento, ou, mesmo, nada tem a ver com pensamento. Relações lógicas independem do pensamento humano. Nós, humanos, podemos conhecê--las, aprendê-las, deixar de notá-las, compreendê-las bem ou mal, tanto quanto podemos conhecer, aprender, não notar ou compreender bem ou mal todo um conjunto de outras coisas que existem independentemente de nós. Nesse sentido, proposições lógicas são verdades objetivas. Podemos apreendê-las ou deixar de apreendê-las, mas sua existência nada tem a ver com qualquer característica do pensamento humano (Magee, 1998: 194-5). Popper (1972) encampou esta concepção e levou-a adiante. Se a lógica é objetiva, teorias também o são: encerram, além de uma heurística objetiva, conforme já vimos, um conjunto de pressupostos (teóricos e metafísicos) objetivos, problemas objetivos e implicações objetivas. Estes pressupostos, problemas e implicações objetivas constituem, por sua vez, situações objetivas que encerram novos problemas objetivos, os quais, se descobertos e tentativamente solucionados conduzem a novas teorias objetivas que encerram novos problemas, novas implicações objetivas etc.

Quero sugerir que a chave para o resgate de um ideal de boa ciência está nessa noção fregiana-popperiana de implicações objetivas. Afirmar que uma teoria tem implicações objetivas é afirmar que ela é compatível ou incompatível com outras, que pode abranger teorias mais restritas ou ser um caso limite de uma teoria mais abrangente, que objetivamente constitui, ou não constitui, uma ruptura importante com um estado objetivo de conhecimento existente, que encerra um arcabouço conceitual objetivo, quer de natureza teórica, quer de natureza meta-teórica, dentro do qual todo um conjunto de teorias formuladas posteriormente vem objetivamente a se mover, dentre muitas outras coisas. Estas considerações abrem um campo formidável de investigações: averiguar se, e em que sentido, uma determinada teoria representa uma ruptura com um estado objetivo de conhecimento existente, se sua contribuição objetiva para um estado objetivo de conhecimento reside em seu sucesso experimental ou no fato de encerrar, objetivamente, uma heurística compatível com certas teorias e incompatível com outras e/ou um arcabouço conceitual dentro do qual outras teorias, formuladas posteriormente, objetivamente se movem etc. O crucial de meu argumento é o de que não é possível se haver com indagações dessa natureza sem que um ideal de boa ciência, imune à espada de Duhem, esteja objetivamente subentendido. Posto de outra forma, a própria existência desse campo objetivo de investigação pressupõe a existência objetiva de tal ideal.

## O SALTO PARA FORA DO POÇO. A SAGA CONTINUA.

Se é assim, e se estamos no mundo fregiano da objetividade, então tudo o que temos que descobrir é se existe objetivamente alguma área de investigação que não possa existir enquanto tal se não se houver permanentemente com indagações como as acima. Em outras palavras, se existe alguma área de investigação que para se manter enquanto tal precisa permanentemente se perguntar se uma teoria representa ou não alguma descontinuidade com um dado estado objetivo de conhecimento, se a importância de uma teoria reside em seu arcabouço conceitual ou em seu sucesso experimental etc. Receio que esta área de investigação exista e seja conhecida pelo nome de história da ciência.

Para desenvolver este ponto, vou pedir licença para fazer uma longa citação. Como é a primeira e será a única deste artigo, espero que o leitor releve. Trata-se de um texto do célebre historiador da ciência I. Bernard Cohen, publicado originalmente em 1956. Interessa-me mostrar quão vulnerável fica a historia da ciência à espada de Duhem e, por extensão, à capitulação ao naturalismo na ausência de um bom ideal de boa ciência. Passemos, então, a palavra a Cohen:

> Um dos mais importantes assuntos de pesquisa na História da Ciência, nós o encontramos na relação entre a 'Revolução Científica' do século XVII e a imaginação humana. Um dos maiores momentos na evolução da ciência, um momento, realmente, com que nada se compara na evolução de todo o pensamento científico, ocorreu em 1609, quando Galileu apontou seu telescópio para os céus. Até então, travavam-se discussões sobre a natureza e movimento das estrelas e outros corpos celestes, além de especulações sobre a natureza dos sistemas cósmicos, caráter e características desses corpos. Quando Copérnico afirmou que a Terra era apenas outro planeta, suas palavras pouco significavam porque as observações a olho nu não revelavam qualquer semelhança entre a Terra e as estrelas. Dizer que algu-

mas estrelas, chamadas de planetas, moviam-se nos céus em relação umas às outras, algumas vezes para frente e outras para trás, pouco justificava a opinião de que eram semelhantes à Terra. A maioria das pessoas considerava as estrelas como uma espécie de corpos perfeitos, imutáveis, puros, em contraste com a Terra, onde havia decomposição, nascimento, vida, morte e transformações de todo os tipos. As características físicas da Terra, por conseguinte, podiam explicar sua posição única como centro do universo, o lar conveniente para o homem que era, em si mesmo, impuro, pecador e corrompido. Ao assestar para o céu o telescópio, Galileu viu pela primeira vez como era realmente o firmamento. Descobriu que a Lua possuía montanhas e vales e que parecia uma Terra em miniatura, embora fosse uma Terra morta. A Terra, descobriu ele, refletia a luz do Sol e iluminava a Lua, o que comprovava que a Terra brilhava como os demais planetas e teria o mesmo aspecto para um observador que se encontrasse em Marte ou Vênus. Este último mostrava fases como a Lua, o que presumivelmente acontecia também à Terra e aos demais planetas. Verificou ele ainda que Júpiter possuía quatro luas, dessa maneira eliminando mais um dos aspectos de singularidade da Terra, até então considerada o único corpo celeste que possuía satélite.

As descobertas de Galileu sugeriram que as opiniões de Copérnico sobre o universo podiam ser consideradas como algo mais do que simples abstração matemática, mais do que um expediente para computar posições futuras dos planetas e da Lua. Não era mais absurdo julgar a Terra um planeta, uma vez que a Terra e os planetas possuíam tantas características comuns, como revelava o telescópio. Evidentemente, quando Galileu publicou um relato de algumas dessas descobertas no *Mensageiro Sideral*, de 1610, o efeito foi explosivo. Daí em diante, cientistas e teólogos eram forçados a considerar as consequências da residência do homem sobre uma

Terra que fôra posta em movimento
e que estava relegada a uma posição
sem maior importância no sistema solar e não mais era o centro do universo.
Ao mesmo tempo, poetas, teatrólogos
e filósofos encontravam campo para
a imaginação nas possibilidades de
um vasto e até então desconhecido
universo, finalmente revelado ao homem. As estrelas, os planetas, a Via
Láctea, o próprio sol, e as nebulosas,
presumivelmente, circulavam no espaço desde o dia em que Deus havia
criado o mundo, mas o homem jamais
os conheceu até o dia em que Galileu
apontou seu telescópio para os céus
(Cohen, 1963:166-7).

O exacerbado otimismo epistemológico que o texto acima exibe é tudo o que o naturalismo sociológico
peculiar a Bloor e aos sociólogos pós-kuhnianos de
um modo geral precisa para se regozijar. Para Cohen,
acreditar que a Terra é apenas mais um planeta ou
que a lua possui montanhas e vales é uma mera questão de substituir o olho nu por um telescópio. Para ele,
crer é uma questão de saber ver. Contra este exacerbado otimismo, deve ser suficiente lembrar que, de um

modo geral, só acreditamos no que vemos quando o que vemos não contradiz nossas expectativas sobre o modo como o mundo é. Como as descobertas de Galileu a que Cohen faz menção contradiziam as tenazes expectativas dos teólogos e astrônomos aristotélicos, é uma ingenuidade supor que a balança penderia tão facilmente para o lado dessas descobertas. Ao incorrer nesse deslize, Cohen tornou-se extremamente vulnerável à espada de Duhem; ele tornou-se uma presa fácil de objeções do tipo: o quê, no séc. XVII, poderia garantir que as "montanhas e vales na lua", ou as "luas de Júpiter", não eram apenas uma ilusão de óptica a que o uso de tão estranho instrumento, o telescópio, poderia ter conduzido? Por que, nessa época, dar crédito a um instrumento óptico cujo funcionamento mal se conhecia se ele contrariava uma sabedoria já consagrada por uma tradição milenar? Toda uma historiografia da ciência, cuja obra paradigmática parece ser o livro *Leviathan and the air-pump* (Shapin e Schaffer, 1985), desenvolveu-se nos últimos anos em torno de questões dessa natureza, isto é, em torno da tese trivialmente correta de que crer não é uma mera questão de ver; de que a verdade não traz uma marca na testa. Esta historiografia da ciência é sobretudo um legado natural da capitulação do ideal de boa ciência, e deve ser muito grata aos historiadores da ciência que se permitiram exibir o mesmo imoderado otimismo epistemológico que Cohen exibiu.

Este imoderado otimismo pode, entretanto, ser evitado desde que o carro-chefe da história da ciência não traia, como no caso de Cohen, um ideal de boa ciência tão nitidamente vulnerável à espada de Duhem. Foi somente por subscrever irrefletidamente um ideal desta natureza que Cohen pôde sustentar que a marca da revolução científica foi o conjunto de observações contra-intuitivas obtidas através do telescópio de Galileu.

Mas, afirmar que Cohen errou porque o ideal de boa ciência que dá sustentação a seu argumento não é bom é admitir que este ideal deve ser substituído por um melhor e que um bom ideal de boa ciência é imprescindível para a condução de qualquer investigação na história da ciência. Há, felizmente, historiadores da ciência que se deram plenamente conta disto e jamais ousaram fazer qualquer investigação histórica sem que uma reflexão metodológica não ocupasse a posição central. Alexandre Koyré é o caso exemplar. Sua história da ciência é informada por um ideal de boa ciência que eu, trazendo-o para o mundo da objetividade de Frege, sintetizaria na seguinte fórmula: boa ciência é a que tem algum impacto objetivo tanto sobre um estado objetivo de conhecimento anterior quanto sobre um estado objetivo de conhecimento posterior. Os impactos objetivos mais evidentes sobre um estado de conhecimento anterior são o de permitir a continuidade deste estado de conhecimento ou o de romper com ele. Mas há outros. Veja-se o caso da genética mendeliana, cujo impacto objetivo retrospectivo está em ter viabilizado a continuidade da teoria da evolução por seleção natural ao fundir-se com ela na chamada síntese evolutiva. Quanto aos impactos prospectivos, estes ocorrem na medida em que teorias encerram situações objetivas para a emergência de novos problemas e/ou de novos arcabouços conceituais que constituam referenciais objetivos dentro dos quais outras teorias possam objetivamente se mover. No que diz respeito a este ponto, o melhor exemplo que tenho em mente é o da teoria da fagocitose, de 1883, de Metchnikoff (Cf. Tauber, 1991). A situação objetiva que esta teoria encerra é composta pela premissa metafísica de um organismo intrinsecamente desarmônico mas em permanente luta pela harmonia, e pela tese metateórica, que repousa sobre esta premissa, de que nosso sistema imunológico não deve sua existência à luta contra um agente infeccioso, mas à coexistência, em qualquer estágio do desenvolvimento ontogênico, de estruturas de diferentes origens filogenéticas, requerendo, portanto, um mecanismo ativo que viabilize esta coexistência. Na medida em que a fagocitose (a ingestão de corpos sólidos por células mesodérmicas amebóides tais como os leucócitos) é este mecanismo, ela é o elemento-chave da imunidade. Desta situação objetiva emergiu tanto o conceito que ancora objetivamente toda a imunologia moderna, a saber, o de um hospedeiro ativamente responsivo, quanto o problema em torno do qual esta objetivamente se move, a saber: como um organismo distingue o que lhe é próprio do que lhe é estranho.

Impõe-se, neste ponto, um contraste com Kuhn. As considerações acima sobre o caráter de boa ciência da teoria da fagocitose podem parecer uma rendição à tese kuhniana de que boa ciência é aquela que dispõe de um paradigma amplamente aceito no interior do qual uma "ciência normal" pode se desenvolver. Devo, entretanto, dizer que não é este o argumento que quero fazer ao dizer que a teoria da fagocitose fornece um arcabouço conceitual imprescindível para as teorias modernas de imunidade. Em primeiro lugar, porque a concepção kuhniana inscreve-se no behaviorismo wittgensteiniano a que anteriormente fiz menção. Para Kuhn, boa ciência é, ao fim e ao cabo, qualquer uma que se mostre capaz de proporcionar segurança e conforto para seus praticantes. A teoria da fagocitose, pelo que sei, jamais proporcionou segurança ou conforto aos imunologistas. Ao contrário, muitos viam nela um traço de misticismo. De acordo com os padrões kuhnianos, ela não mereceria muita atenção. Em contraposição, meu argumento é o de que uma teoria não precisa desfrutar de um caráter paradigmático, no sentido kuhniano, para ter um papel fundamental na história de uma ciência. A teoria da fagocitose ilustra isto exemplarmente bem. Além de seu acentuado teor metafísico, ela era de difícil operacionalização, e tudo isto a impediu de ser vista como um modelo de ciência a ser seguido. Nem por isto, entretanto, ela deixou de ter um impacto fundamental, que não se mede pela contagem de citações. Seu impacto é objetivo no sentido fregiano-popperiano: há um "antes" e um "depois" dela — uma vez que, ao fim e ao cabo, é graças a ela que as inflamações deixaram de ser vistas como uma patologia e passaram a ser vistas como uma "reação normal' do organismo — mesmo que os próprios imunologistas jamais tenham precisado de refletir sobre isto.

Uma vez exposta a concepção de boa ciência de Koyré, posso mostrar como ela constitui o carro-chefe de sua investigação histórica. No mesmo ano em que Cohen publicou o texto que reproduzi anteriormente, Koyré publicou um artigo intitulado: "As Origens da Ciência Moderna. Uma Nova Interpretação"

(Koyré, 1991). Ao contrário de Cohen, entretanto, que irrefletidamente assumiu um ideal de boa ciência vulnerável à espada de Duhem para discorrer sobre as origens da ciência moderna, Koyré subordinou sua interpretação sobre este mesmo processo a uma prévia reflexão metodológica. Ele se perguntou o que faz da ciência de Galileu uma boa ciência. A resposta, ele foi buscar nos impactos objetivos, retrospectivos e prospectivos, desta ciência. O impacto retrospectivo mais importante foi a destruição do Universo fechado e hierarquizado da física escolástica via substituição do espaço concreto de Aristóteles pelo espaço abstrato da geometria euclidiana. O prospectivo está em ter preparado o terreno para o desenvolvimento do conceito de inércia ao romper com a concepção aristotélica de que o repouso é o estado natural e o movimento uma alteração forçada deste estado. Galileu não permitiu que o repouso desfrutasse do privilégio ontológico que a física escolástica lhe concedera. Sem esta dupla subversão, argumenta Koyré, um telescópio nada pode. É ela, e não o telescópio a que tão entusiasticamente alude Cohen, que está na base da transição do sistema ptolomaico para o copernicano. Um bom ideal de boa ciência permitiu, então, a Koyré nos mostrar a verdadeira natureza da revolução científica: tratou-se, sobretudo, de uma revolução conceitual.

Diante do exposto, o contraste com a capitulação naturalista é inevitável. Esta, conforme vimos, consiste em subordinar a questão metodológica (isto é, a reflexão a respeito do que constitui uma boa ciência) a uma análise do processo de aquisição do conhecimento. Para proceder a tal análise, o aprendizado de uma língua materna, ou de uma língua estrangeira, é tomado como modelo. Um efeito imediato dessa maneira de proceder é excluir, de antemão, a possibilidade da existência de descontinuidades no conhecimento. Afinal, o aprendizado de uma língua é um processo cumulativo, contínuo. Tomemos, como exemplo, o aprendizado do inglês. Não foi preciso esperar por Quine ou Wittgenstein para que soubéssemos que uma sentença como *this is a table* não esgota as possibilidades de traduzir a sentença "isto é uma mesa". Entretanto, o naturalismo holista de Quine, ele próprio uma variante da tese wittgensteiniana de que o significado das palavras reside em seu uso efetivo, convida-nos a admitir uma possibilidade mais radical: a de traduzir uma sentença como "isto é uma mesa" para o inglês sem que seja necessário fazer uso de termos como "this", "is", "a" e "table". Mais do que isto, convida-nos a conceber traduções de "this is a table" que não nos remetem à expressão "isto é uma mesa". Não tenho qualquer dificuldade em concordar com tudo isto. Todavia, nada disto implica descontinuidade. Esta só se verificaria se fosse possível conceber uma tradução para "this is a table" que tornasse uma tradução como "isto é uma mesa" objetivamente inconcebível. Como isto não é possível, a descontinuidade no aprendizado de uma língua também não é possível. Receio que a realização mais espetacular da capitulação naturalista tenha sido a de estender, de antemão, esta impossibilidade para o conhecimento. Em outras palavras, é ter tornado o conhecimento necessariamente contínuo e cumulativo. Isto excluiria a possibilidade de rupturas como a que Cohen descreve. De acordo com este raciocínio, a verdadeira razão para refrear o entusiasmo de Cohen não está no imoderado otimismo epistemológico que este traz embutido, mas no fato de encerrar uma visão descontínua do conhecimento.

Koyré subverte tudo isto ao subordinar todo um campo de investigação à reflexão metodológica. Deste campo faz parte averiguar aquilo que o naturalismo proíbe de antemão: se há, e em que sentido, descontinuidades no conhecimento. Se Koyré discorda de Cohen, não é porque este último permitiu que entre Aristóteles e Galileu houvesse uma descontinuidade mas, sim, em razão de faltar a Cohen um ideal de boa ciência bom o suficiente para viabilizar a compreensão da natureza desta descontinuidade. Há, entretanto, um importante ponto em comum entre Quine e Koyré: ambos rejeitam, enfaticamente, a emissão de juízos baseados em cânones metodológicos estabelecidos *a priori*. Quine, conforme vimos, não partilharia do entusiasmo que um livro-texto de metodologia científica alimentaria por discussões como a de Durkheim sobre o suicídio no exército ou sobre as taxas comparativamente baixas de suicídios entre católicos e judeus. Ele veria esse tipo de discussão como uma presa fácil para a espada de Duhem. Koyré, certamente, partilharia deste desencanto. Mas não teria, a meu ver com razão, por que creditá-lo à vulnerabilidade dos argumentos de Durkheim às advertências de Duhem. O problema está em outro lugar. Receio que a sociologia contida em *O Suicídio* seja um claro exemplo de "má ciência" (se assim me for permitido me expressar) que passa por boa ciência quando submetida aos cânones metodológicos de boa ciência. Não que eu me oponha a procedimentos como, por exemplo, corroborar um enunciado e, ao mesmo tempo, refutar vários enunciados alternativos através de um simples expediente como derivar do primeiro uma consequência empírica cuja negação é demandada por todos os outros. Mas, se tal procedimento é tão louvável, e tão ubíquo em *O Suicídio*, então por que considerar a sociologia contida nesse livro uma 'má ciência'? A resposta está em três perguntas: Que problema objetivo emergiu a partir desta sociologia? O que ela objetivamente destruiu? O que ela objetivamente pôs no lugar? Para dar uma ideia do que estou perguntando, vou mostrar quais seriam as respostas se a pergunta se referisse à teoria da fagocitose de Metchnikoff. O que ela objetivamente destruiu? A concepção passiva do processo de imunidade peculiar a toda a imunologia do séc XIX, incluindo-se a de Pasteur. O que ela objetivamente pôs no lugar? Uma concepção ativa do processo de imunidade, sobre a qual se moveu objetivamente toda a imunologia do séc XX. Que problema objetivo emergiu a partir dela? O de como o organismo distingue o que lhe é próprio do que lhe é estranho. É possível dar respostas remotamente análogas a estas se perguntarmos pelo impacto *objetivo*, quer retrospectivo ou prospectivo, da sociologia de *O Suicídio*? Acredito que *A Divisão do Trabalho Social* e, para não dizer que não falei de Max Weber, *A Ética Protestante e o Espírito do Capitalismo* poderiam resistir a um teste desta natureza. Quanto a *O Suicídio*, tenho sérias dúvidas. Posso, evidentemente, estar enganado sobre isto. Mas não é isto o que importa. A lição que quero tirar daí é outra. Vimos que não pode haver história da ciência sem um ideal de boa ciência — o que pode haver, e infelizmente tem havido, é história da ciência que, ao desdenhar a reflexão metodológica, deixa-se guiar, irrefletidamente, por um ideal empirista ou pragmatista de boa ciência. Mas, se não há como escapar de uma reflexão metodológica para reconstruir a história de alguma ciência, por que não utilizar esta reflexão para emitir juízos sobre a qualidade de outras? Por que não usar um juízo sobre, digamos, a teoria da fagocitose, como um modelo para emitir juízo sobre a sociologia contida em *O Suicídio*? Trata-se, certamente, de uma operação de alto risco. Mas receio que não tenhamos escolha. Ou corremos o risco de nos equivocar em nossos juízos, um risco que pode ser atenuado se contarmos com a inestimável ajuda do mundo da objetividade de Frege, ou nos condenamos a subscrever, de forma acrítica, juízos já estabelecidos. É verdade que a segunda alternativa tem prevalecido, mas não precisamos daí concluir que ela tenha que continuar a prevalecer, isto é, que a saga do ideal de boa ciência já tenha conhecido o seu fim.

# BIBLIOGRAFIA

BLOOR, David. (1976), *Knowledge and social imagery*. Chicago, The University of Chicago Press.

COHEN, I. Bernard. (1963), "A imaginação da natureza", in L. White Jr. (org.), *As fronteiras do conhecimento: um estudo do homem*, Rio de Janeiro, Fundo de Cultura.

FEYERABEND, Paul. (1977), *Contra o método*. Belo Horizonte, Livraria Francisco Alves Editora.

KOYRÉ, Alexandre. (1991), *Estudos de história do pensamento científico*. 2 ed. Rio de Janeiro, Forense.

LAKATOS, Imre. (1970), "Falsification and the methodology of scientific research programmes", in I. Lakatos e A. Musgrave (orgs.), *Criticism and the growth of knowledge*, Cambridge, Cambridge University Press.

MAGEE, Bryan. (1998), *The story of philosophy* . Londres, Dorling Kindersley.

POPPER, Karl R. (1972), *Objective knowledge* . Londres, Oxford University Press.

__________. (1999), *A lógica da pesquisa científica* . 9 ed. São Paulo, Cultrix.

QUINE, Willard O. (1953), *From a logical point of view*. Cambridge, Mass., Harvard University Press.

SHAPIN, Steven & SCHAFFER, Simon. (1985), *Leviathan and the Air-Pump*. Princeton, Oxford University Press.

STINCHCOMBE, Arthur L. (1968), *Constructing social theories*. Nova York, Brace and World.

TAUBER, Alfred L. (1991), "The immunological self: a centenary perspective". *Perspectives in Biology and Medicine*, 35 (1): 74-86

# CADERNOS ULTRAMARES


1. **O movimento modernista** *Mário de Andrade*

2. **As ideias fora do lugar** *Roberto Schwarz*

3. **Temporalidades** *Gabriel Cohn*

4. **O ressentimento no Brasil** *Maria Rita Kehl*

5. **A grande porta do medo** *Rogério Duarte*

6. **O entre-lugar do discurso latino-americano** *Silviano Santiago*

7. **A fratura brasileira do mundo** *Paulo Arantes*

8. **A Gaia Ciência — Literatura e música popular no Brasil** *José Miguel Wisnik*

9. **Breve história crítica do feminismo no Brasil** *Carla Rodrigues*

10. **A paixão de Clarice** *Benedito Nunes*

11. **Vampiros & coqueiros** *Jorge Mautner*

12. **O homem cordial** *Sérgio Buarque de Holanda*

13. **Pedaços** *Luiz Rosemberg Filho*

14. **Antropofagia Zumbi** *Suely Rolnik*

15. **Alegoria, modernidade, nacionalismo** *Ismail Xavier*

16. **O dois e seu múltiplo** *Tânia Stolze Lima*

17. **A roupa da Rachel** *Heloísa Buarque de Hollanda*

18. **Experimentar o experimental** *Hélio Oiticica*

19. **O futuro da ideia de autor** *Francisco Bosco*

20. **A estética do frio** *Vitor Ramil*

21. **No palácio de Moebius** *Nuno Ramos*

22. **Sobre a potência política do inumano** *Vladimir Safatle*

23. **O problema da filosofia no Brasil** *Bento Prado Jr.*

24. **Toda comunidade é fascista? Um elogio do nomadismo** *Márcio Seligmann-Silva*

25. **Revisão dos cem anos de canção brasileira** *Luiz Tatit*

26. **A produção tardia do teatro moderno no Brasil** *Iná Camargo Costa*

27. **O espetáculo da miscigenação** *Lilia Moritz Schwarcz*

28. **Textos tropicais** *Antonio Risério*

29. **Geração revoltada** *Antônio de Alcântara Machado*

30. **She don't lie** *Tales Ab'Saber*

31. **Retrato do Brasil — parte I** *Paulo Prado*

32. **Retrato do Brasil — parte II** *Paulo Prado*

33. **Discurso aos tupiniquins ou nambás** *Mário Pedrosa*

34. **Arte e tecnologia** *Mário Schenberg*

35. **Política urbana no Brasil** *Raquel Rolnik*

36. **Mística e antimística** *Eduardo Guerreiro B. Losso*

37. **Surrealismo no Brasil** *Claudio Willer*

38. **A inserção do negro e seus dilemas** *Joel Rufino dos Santos*

39. **Arte afro-brasileira: o que é afinal?** *Kabengele Munanga*

40. **"Cultura" e cultura: conhecimentos tradicionais
e direitos intelectuais** *Manuela Carneiro da Cunha*

41. **Zoopoéticas contemporâneas** *Maria Esther Maciel*

42. **Ouvindo Racionais MC's** *Walter Garcia*

43. **Cultura e alienação** *Darcy Ribeiro*

44. **Borges e Machado: clássicos e formativos** *Luís Augusto Fischer*

45. **Por um cinema sem limite** *Rogério Sganzerla*

46. **Do quasi cinema ao transcinema** *Katia Maciel*

47. **A melancolia de Ulisses** *Olgária Matos*

48. **Jamais fomos humanos** *Fréderic Vandenberghe*

49. **Mal-estar, sofrimento e sintoma** *Christian Dunker*

50. **O ensaio como narrativa** *Pedro Duarte*

51. **Manifesto dos educadores** *1932-1959*

52. **Em busca da sociologia não paroquial** *Renan Springer de Freitas*

53. **Inquérito nacional de arquitetura** *1961*

54. **Tradição delirante** *Ericson Pires*